Peter Grassinger
Münchner Feste
und die Allotria

Münchner Feste und die Allotria

Ein Jahrhundert Kulturgeschichte
nacherzählt und festgehalten
von Peter Grassinger

Verlagsanstalt »Bayerland« Dachau

Abbildungen auf dem Einband:

vorne: »Römischer Karneval am Hof Ludwigs I.« von Franz Xaver Nachtmann (Ausschnitt), Stadtmuseum München

hinten: »Belobigung der Braven« von Adolf Hengeler, Allotria-Archiv

Abbildungsnachweis:

Archiv der Künstlergesellschaft Allotria, München
Archiv Künstlerhaus-Verein, München
Münchner Stadtmuseum
Städtische Sammlung Monacensia, München
Staatliche Graphische Sammlung, München
Privatsammlung Karl Hammer, München

Verlag:
Druckerei und Verlagsanstalt »Bayerland« Anton Steigenberger,
8060 Dachau, Konrad-Adenauer-Straße 19, in Zusammenarbeit mit der TR-Verlagsunion GmbH, München

Gesamtherstellung:
Druckerei und Verlagsanstalt »Bayerland« Anton Steigenberger,
8060 Dachau, Konrad-Adenauer-Straße 19
Redaktionelle Mitarbeit: Maja Grassinger
Gestaltung: Josef Mertl, Astrid Schäfer

Alle Rechte der Verbreitung (einschl. Film, Funk und Fernsehen) sowie der fotomechanischen Wiedergabe und des auszugsweisen Nachdrucks vorbehalten.
© Druckerei und Verlagsanstalt »Bayerland« Anton Steigenberger, 8060 Dachau, 1990
Printed in Germany · ISBN 3-89251-097-0

Inhalt:

Einführung 7

Das Goldene Zeitalter 10

    Die Idee 10

    Die Verwirklichung 12

    Albrecht-Dürer-Fest 1840 19

    Die Zeit der Feste 30

    Paul-Rubens-Fest 1857 35

    Reise um die Welt 1881 40

DIE ALLOTRIA 42

Anno 1873 ist's gewesen! 43

Die Reise ins Niederland 49

Die Lenbachiade 53

Der Alltag in der Allotria 59

Festzug Karl V. 1876 67

Künstler-Maskenfest 1886 78

Die Bismarck-Feier 1892 82

In Arkadien 1898 83

Don-Juan-Fest 1902 96

Die mißglückte Busch-Feier 1902 99

Die Hebbaumfeier 1908 101

Die Musiker der Allotria 105

Die Deutschen Bundesschießen 1881 und 1906 111

Das Münchner Künstlerhaus 115

Die neue Zeit 120

Tagebuchnotizen 1922–1944 132

Die Zeit nach 1945 144

Einführung

Es ist eine der schönsten Gaben des Menschen, Feste feiern zu können, und es ist ein herrliches Thema, darüber zu schreiben.
In diesem Buch will ich über die Münchner Künstlerfeste erzählen, und zwar über eine Epoche, in der sich das Haus Wittelsbach und die Bürger von München mit den Künstlern zu glanzvollen Festen vereinten, die weit über Deutschland hinausstrahlten. Aus der Fülle der Künstlervereinigungen des vorigen Jahrhunderts ragt die Allotria heraus. Sie war ein einmaliger Freundeskreis großer Persönlichkeiten, der mit seinem Witz und seiner Lust zum Feiern bis in die heutigen Tage Nachhall hat. Wir, die Nachkommen in dieser Gesellschaft, empfinden tiefe Bewunderung für die alte Allotria, und wenn ich mit dem Leser durch die Feste und das gesellige Leben dieser Zeit spaziere, werden die Erinnerungen einen starken Akzent setzen.
Doch bevor ich das Kapitel der Münchner Feste aufschlage, lade ich Sie ein, mit mir auf den zierlichen Turm des Künstlerhauses zu steigen. Ich will anhand von steinernen Zeugnissen versuchen, etwas vom Glanz der Allotria zu vermitteln, die heute noch im Keller dieses Hauses tagt und festet, allerdings weit bescheidener als ihre Vorväter.
Uns gegenüber ragt das mächtige Gebäude des Justizpalastes auf. Es erinnert an seinen Architekten, Ritter Friedrich von Thiersch, der viele Jahre Präsident unserer Gesellschaft war. Eine Blickrichtung führt hinüber zur Lenbachgalerie, der prächtigen ehemaligen Renaissance-Residenz des Malerfürsten Franz von Lenbach, der ein Vierteljahrhundert die Allotria und das Kunstleben Münchens regierte. Mit einer kleinen Blickwendung streifen wir den Silo der Spatenbrauerei, Bierburg der Brauerdynastie Sedlmayr, Mäzene mancher Feste der Allotria. Das grüne Dach der Pinakothek leuchtet gegen den Föhnhimmel und weckt Gedanken an einen Olymp allotrianischer Künstler. Wer nennt alle die Maler, die wir dort stolz als unsere Mitglieder verzeichnen: Fritz August von Kaulbach, Franz von Defregger, Leo Samberger, Robert Schleich, Wilhelm Diez, Ludwig Herterich - man kann sagen, nahezu alle Maler und Bildhauer, die damals die Kunstszene Münchens bedeutend machten. An der Feldherrnhalle halten noch immer die Löwen unseres Wilhelm von Ruemann Wache. Im Hofgarten schläft der unbekannte Soldat von Bernhard Bleeker. Ein kurzer Blick über

27. Januar 1875, Eintrittskarte zum Allotria Masken-Kinderfest. Lithographie, Franz Widnmann.

das Dächergewirr läßt die prächtige Fassade des Kaufhauses Oberpollinger oder der Süddeutschen Zeitung ahnen - stolze Zeugen für unseren Professor Max Littmann. Dieser großartige Architekt hatte auch als Theatererbauer einen trefflichen Ruf. Wurde doch nach seinen Plänen das Prinzregententheater als Richard-Wagner-Festspielhaus errichtet. Im Ausstellungspark stand sein, durch die Kriegseinwirkungen verschwundenes und heute fast vergessenes, Künstlertheater. Alte Münchner haben die Inszenierungen des Theaterzauberers Max Reinhart dort im Gedächtnis.
Jetzt schweift mein Blick die Prinzregentenstraße entlang, erfreut sich an der reich gestalteten Architektur des Bayerischen Nationalmuseums, erbaut von Gabriel von Seidl. Nach einem erneuten Richtungswechsel erkenne ich zwischen dem Dom und dem Kaufhaus

Gesellige Vereinigung Harbnibund 1856,

Oberpollinger das Gebäude, das ich erst vor kurzem, als uns eine Schießscheibe von Kaulbach gestohlen wurde, aufsuchte: das Polizeipräsidium. Theodor Fischer hat diesen eigenwilligen Gebäudekomplex erdacht. Wenn man vor diesem Haus steht, kommt man kaum auf den Gedanken, daß der kleine Musentempel, das Marionettentheater in der Blumenstraße den gleichen Architekten zum Vater hat. Es war das erste feste Puppentheater in Deutschland, das der Magistrat damals für den schon legendären Papa Schmid erbauen ließ. Sein Hauptautor, der Kasperlkomödien-Dichter Franz von Pocci, wird in unserer Erzählung noch eine Hauptrolle spielen.

Ich habe in diesem Theaterchen viele glückliche Jugendjahre als Puppenspieler verbracht.

Wenn wir weiter hinausschauen, blicken wir auf die Isar. Viele ihrer Brücken sind Schöpfungen allotrianischer Meister. An der Isar gelegen ist auch das Deutsche Museum; eine Gemeinschaftsleistung der Brüder Emanuel und Gabriel Seidl sowie unseres langjährigen Vorstandes, Geheimrat German Bestelmeyer, der für viele Architekten ein hervorragender Lehrer war. Die Idee für dieses einmalige Museum stammt wiederum von einem Allotrianer, dessen Familie bis heute eine enge Bindung zu unserer Gesellschaft hat: Oskar von Miller. Dieser nur flüchtige Rundblick endet an der Stuckvilla. Franz von Stuck, der Zeichner und Maler mit dem unverwechselbaren Atelierhaus, zählte Klee und Kandinsky zu seinem großen Schülerkreis. Wieviele köstliche Karikaturen von ihm finden sich in unseren Kneipzeitungen, einem literarischen Erbe, das den Krieg überdauert hat. Aus diesen Blättern spricht der Humor dieser Runde in meisterlichen Zeichnungen.

Nun, von der erhöhten Warte aus konnte man nicht die vielen Brunnen sehen, die im Sommer zur Erinnerung an ihre allotrianischen Schöpfer plätschern. Welcher Münchner hat sich noch nicht an heißen Tagen an dem Monumental-

Aufmarsch der kostümierten Künstler. Aquarell, Eduard Ille.

brunnen Adolf von Hildebrands am Lenbachplatz erfreut oder seinen Hubertusbrunnen am Ende des Nymphenburger Kanals bewundert! Ein wenig unbeachtet steht der Fortunabrunnen von Karl Killer am Isartorplatz. Auch der noble Nornenbrunnen unseres Heinrich Nefzger am Maximiliansplatz ist etwas abseits gelegen. Wer aus dem Apothekerhof der Residenz in Richtung Marstallgebäude hinaustritt, findet gleich zur Rechten Pallas Athene mit Waage hoch über einer Doppelbrunnenschale stehend. Diesen Brunnen schuf Bernhard Bleeker nach dem Krieg zu Ehren des Kronprinzen Rupprecht, mit dem er eng befreundet war. Unser Anderl Rauch stellte seinen Karl Valentin auf den Viktualienmarkt und nicht vergessen darf man seinen liebenswürdigen Radlbrunnen, der auf den Namen Radspieler anspielt.

Jetzt müßte ich noch die vielen Standbilder und Denkmäler aufführen, müßte den großartigen Jugendstilarchitekten Richard Riemerschmid erwähnen, hinüberschauen auf die zahlreichen Friedhofsbauten unseres Hans Grässel, auch die Schulbauten des exzellenten Karl Hocheder miteinbeziehen. Es gäbe ein eigenes Buch, das die fachlichen Aspekte und die städtebaulichen Bezüge aufzeigen könnte, die in dieser Aufstellung anklingen.

Ich will mich aber nur auf die Münchner Feste beschränken, in denen allerdings der Kreis dieser Künstler nicht übergangen werden darf, da sie ja den Rahmen für diese Zeit mitbestimmen. Sie prägen mit ihrer künstlerischen Individualität, die in die Freundschaften des Vereinslebens eingebettet war, das Bild einer Stadt und ihrer Feste. Sie schufen eine Geselligkeit, die sich in der Kreativität ihres Humors von den Hoffesten einer geschlossenen Gesellschaft der früheren Jahrhunderte wesentlich unterschied.

Das Goldene Zeitalter

Die Idee

Solchen Betrachtungen ist die Darstellung eines Königs und Mäzens voranzustellen, der es verstand, eine künstlerische Landschaft zu gestalten, die erst die Voraussetzung für eine so einmalige Blüte der Münchner Feste war.
Der junge Kronprinz Ludwig entwickelte die Idee eines Goldenen Zeitalters der Künste und setzte sie als König Ludwig I. in die Tat um. Wie viele deutsche Künstler zog es auch den jungen Wittelsbacher oft nach Rom. Dort, im Kreise der Maler und Bildhauer, entzündete sich im Gespräch und geselligen Beisammensein seine Begeisterung für die Kunst. Man traf sich im Café Greco oder in der spanischen Weinschenke des drolligen Don Raffaele d'Anglada an der Ripa Grande. Am 29. April 1818 veranstalteten die deutschen Künstler für ihren Gönner ein großes Nationalfest in der Villa Schultheiß, das im Stil und in der Gestaltung viele spätere Feste in München inspirierte. Der schwedische Philosoph Atterbom berichtete begeistert über dieses romantische Fest, das in der poetischsten und künstlerischsten Weise ausgerichtet war. In den Dekorationen, von Cornelius und Overbeck gemalt, wechselten allegorische Darstellungen mit historischen Bildern. Der bayerische Kronprinz, in altdeutsche Tracht gekleidet, betrat unter Donnern der Kanonen, die der Landschaftsmaler Reinhard »dirigierte«, den Saal. Deutsche Nationallieder wie »Es reiten drei Reiter zum Tor hinaus« oder »Am Rhein, am Rhein, da wachsen unsere Reben« wurden gesungen, Friedrich Rückert las Gedichte auf den Kronprinzen vor und in Trinksprüchen wurde die deutsche Einheit beschworen. Die geistige Strömung der Nazarener, das patriotische Nationalgefühl, als Reaktion auf die Herrschaft Napoleons in Europa, und die feinsinnigen Diskussionen der unterschiedlichen Künstler schufen eine Atmosphäre, in der Ludwig seine eigenen Gedanken bestätigt fand. Schon bei diesem Fest erteilte er Peter Cornelius den Auftrag, die Fresken für die Glyptothek in München zu malen, und versprach den anwesenden Künstlern, sie nach seinem Regierungsantritt nach München zu holen, um seine Idee vom »Goldenen Zeitalter der Künste« zu verwirklichen – und der König hielt sein Wort.

Aufbruch in das Goldene Zeitalter in der Malerei unter Ludwig I. Gemälde, Wilhelm von Kaulbach.

König Ludwig I. Gemälde, Wilhelm von Kaulbach.

Die deutsche Künstlergesellschaft mit Kronprinz Ludwig von Bayern in der spanischen Weinschenke. Gemälde, Franz Catel, 1824.

Die Verwirklichung

Waren es vor seiner Regentschaft laut einer Statistik von Lorenz Huebner 1805 vier Bildhauer, zwei Kupferstecher und 21 Maler, die das künstlerische München repräsentierten, wuchs München unter Ludwig I. zu einer Stadt der großen Künstlerschaft. Das enge, ja muffige Milieu wurde durch eine veredelte Künstlergeselligkeit und die idealistische Idee der Kulturförderung aufgebrochen. Vielfältigste Aufträge warteten auf Maler, Bildhauer und Architekten. Der kunstsinnige König bedachte sie mit höchsten Auszeichnungen und hob die Künstler in eine soziale Stellung, die sie dem Adel und den Bürgern gleichberechtigt machten. Ein Beispiel dafür ist die Verleihung des ersten Kronordens, den der neue König zu vergeben hatte. Er bestimmte als ersten Träger Peter Cornelius. Höchstpersönlich suchte der König den Meister während der Arbeit auf dem Gerüst im trojanischen Saal der Glyptothek auf. »Helden schlägt man auf dem Schlachtfeld, wo sie ihre Siege erringen, zum Ritter«, sagte er und überreichte dem überraschten Künstler die Auszeichnung.

Waren die Künstler auch in ihren Auffassungen oft zerstritten, verbanden sie sich doch in vielen Vereinen und Gesellschaften. Sie gestalteten aus der Vielfalt dieser Gruppierungen gemeinsame Feste, deren Glanz weit über München hinausstrahlte. Eine Geselligkeit entstand, die durch die Mitgliedschaft der Künstler in mehreren Vereinen einen Grundkonsens des Feierns entstehen ließ, der seinen Schwerpunkt im Historismus fand. So versammelte der Bildhauer Ludwig Schwanthaler seine Freunde in der Humpenburg, einem burgähnlichen Trinkraum in der Lerchenstraße, der heutigen Schwanthalerstraße, in der Werkstätte seines Vaters Ludwig. Dort eiferte man in künstlerischer Geselligkeit und Freundschaft einem ritterlichen Ideal nach. Eng mit der Idee der benachbarten »Bärengenossenschaft« verbunden, entwarfen sie ritterliche Festspiele. Trinkabende, an denen man Verse rezitierte und phantasievolle bildnerische Einfälle entstehen ließ, wurden zum Inhalt dieses geselligen Lebens. Man gab sich ritterliche Namen, Schwanthaler zum Beispiel wurde »Storchenauer« genannt. Er verfaßte sogar ein ritterliches Schauspiel. In der Humpenburg treffen wir den Erzgießer Ferdinand von Miller sen., den Tiermaler Sebastian Habenschaden, den Genremaler Josef Petzl oder den Historienmaler Wilhelm Lindenschmitt, um nur einige zu nennen. Das waren die Kämpen und Zechgenossen, die Schwanthaler halfen, seine Burg Schwaneck im Isartal einzuweihen – einen Mittelpunkt des historischen Treibens, dem wir im berühmten Waldfest wieder begegnen werden. Aus dieser Schar ragt der unermüdliche Graf Franz von Pocci, der Zeremonienmeister König Ludwigs, heraus. Dieser vielseitig begabte Mann war ein witziger Zeichner, komponierte Lieder, ja auch Opern. Er dichtete und begründete mit seinen Kasperlkomödien die erste Puppenspiel-Literatur.

Man kann sich gut vorstellen, wie der »Kasperlgraf«, so wurde Pocci gerne genannt, aus der fröhlichen Zecherrunde in der Humpenburg hinüber zum Dultplatz ging. Dort, wo heute das Bernheimerhaus steht, traf sich die Gesellschaft »Neu-England« im englischen Kaffeehaus. Wahrscheinlich war ihre Bezeichnung eine Anspielung auf die noble Runde »Alt-England«, die Herzog Maximilian in Bayern in Erinnerung an die Tage in Old-England gründete. In dieser Tafelrunde, deren Mitglieder sich scherzhaft »Lords« nannten, saßen Berühmtheiten Münchens wie Friedrich von Gärtner, der spätere Baumeister des Königs, Franz von Kobell oder eben Pocci. Die »Neu-Engländer« dagegen waren eine frische Sängerschar, die so manches Fest in München mitgestaltete. Erinnert sei an die Künstlermaskenbälle, das Gärtner-Diner oder das Cornelius-Fest. Einer der ältesten

Bleistiftzeichnung und Handschrift, Ludwig von Schwanthaler, 1846.

König Ludwig I. empfängt Künstler, die Modelle und Skizzen neuer Bauprojekte überreichen. Gemälde, ca. 1850.

Vereine war die »Stubenvoll-Gesellschaft«, die vom Gasthaus Findel in den engen Raum des Stubenvoll-Bräu im Anger übersiedelte. Sie bildete einen Kern, aus dem die offizielle Vertretung der Münchner Künstlerschaft erwuchs. Hier versammelten sich unter anderen Künstler wie Bürkel, Petzl, Haushofer, Monten, Flüggen, Neureuther, Seibertz – Namen, die bis heute ihren Klang behalten haben.

Seibertz verdankt man die Idee des ersten Künstlerkostümfestes, das am 2. März 1835 im königlichen Hoftheater stattfand, damit verbunden war der erste sogenannte Künstler-Maskenzug – ein historisches Fest, für das in einem großen Feldlager der originelle Rahmen zum Feiern geschaffen wurde. Die Münchner Künstlerschaft erschien im Sinne der Schillerschen Wallenstein-Trilogie in der Tracht der Wallenstein-Soldaten. Das Wallenstein-Fest wurde ein Paradebeispiel für das Zusammenwirken vieler Ideen, die sich einer Grundvorlage unterordneten.

Traf sich Seibertz also in der »Stubenvoll-Gesellschaft« mit seinen Freunden, feierten Marr, Schleich oder Xaver Schwanthaler beim Weinwirt Schimon in der Kaufingerstraße. In allen Zirkeln wurde heftig über die kleinsten Details der großen Feste debattiert. Die Behaglichkeit der Tischrunden in den Wirtshäusern vertauschte man im Frühling mit

Erinnerungsblatt an den Künstler-Maskenzug. Zeichnung, Eugen Neureuther.

*7. Mai 1827, Künstlerausflug nach Gauting.
Federzeichnung, Eugen Neureuther.*

romantischen Ausflügen in die Umgebung von München. Man schwärmte von den Maiausflügen der Künstler nach Gauting oder zur Menterschwaige. So manches kleine Sommerfest fand im Grünen Baum auf der Isarlände statt. Aus dieser gemütlichen, ja etwas behäbigen Szene schwang sich die Künstlerschaft zu einem monumentalen Fest auf, das in seinen Anstrengungen und seiner Auswirkung für die Feste des ganzen Jahrhunderts beispielgebend war.

Ausflug des Künstlersänger-Vereins nach Planegg.

»Im Schleimfieber«, Freundeskreis Alt-England 1869. Karikatur, Franz von Pocci.

»Diner im Grünbaum«, Freundeskreis Alt-England. Karikatur, Franz von Pocci.

Innenansicht des Künstlerlokals im Café Schaffroth mit Künstlern, die den Raum dekorieren. 1853.

Albrecht-Dürer-Fest 1840

Am 17. Februar, mit einer Wiederholung am 2. März, während des Karnevals, wogte ein gewaltiger Maskenzug vom Hoftheater ausgehend durch alle Säle und Gänge der Residenz, um schließlich im Odeon in frohem Fest und Spiel zu enden.

Um dem heutigen Leser einen Eindruck von diesem Fest zu geben, führe ich einen kleinen Auszug aus der anschaulichen Schilderung Gottfried Kellers an, die in seinem Roman »Der grüne Heinrich« zu finden ist. Keller selbst kam zwar erst 1841 nach München, aber es ist zu vermuten, daß er seine historischen Informationen aus der Schrift Rudolf Marggraffs bezog und die Details aus den noch lang lebendig gebliebenen Erinnerungen der Münchner Künstlerschaft erfuhr, die durch die herrlichen Stiche Eugen Neureuthers dokumentiert wurden. Das Vorbild war, nach Marggraff, eine sagenhafte Begegnung Kaiser Maximilians mit dem Maler Albrecht Dürer in Nürnberg. Der Maler soll einen Zug der Bürger, der Kaiser einen Aufzug der Ritter angeführt haben. Bereichert wurde diese historische Vorlage im Dürerfest durch eine Gruppe der Mummerei. Die Initiative des ganzen umfänglichen Unternehmens ging von den Künstlern Bernhard, Braun, Monten, Petzl und Seiberts aus, als beratende Autorität wurde Philipp Foltz herangezogen. Jeder auf diesem Fest war – nach Keller – für sich eine inhaltsvolle Erscheinung und Person.

Gedenkblatt an den Dürerfestzug 1840. Zeichnung, Eugen Neureuther.

Kostümentwürfe für den Dürerfestzug.
Pokalträger.

Die abgebildeten Skizzen und Aquarelle schuf
Eugen Neureuther.
Page.

Holzschneider-Geselle.

Maler Josef Petzl als Zugführer.

Sonnenschein ewiger Jugend um das weiße Haupt darstellte.
Liederreich waren alle die anderen Zünfte, die nun folgten, die Schäffler und Brauer, die Metzger in rot und schwarzem, mit Fuchspelz verbrämtem Zunftgewande, die hechtgrauen und weißen Bäcker, die Wachszieher, lieblich in Grün, Weiß und Rot, und die berühmten Lebküchler hellbraun und dunkelrot gekleidet; die unsterblichen Schuster schwarz und grün wie Pech und Hoffnung, buntflickig die Schneider. Mit den Damast- und Teppichwirkern erschienen schon namhafte Meister des höheren Gewerbes. Alle jetzt erscheinenden Zünfte waren ausgefüllt von einer wahren Republik kraftvoller, erfindungsrei-

Außer den Malern und Bildhauern gingen im Zuge Baumeister, Erzgießer, Glas- und Porzellanmaler, Holzschneider, Kupferstecher, Steinzeichner, Medailleure und viele andere Angehörige eines voll ausgegliederten Kunstlebens.
Den Trompeten und Pauken folgten zwei Zugführer mit dem Nürnberger Wappen, dem Jungfernadler auf den weiß und roten Röcken, hinter diesen ging die gute Schar der Meistersinger daher mit ihrer Spruchtafel, voran die wandernde lustige Jugend in kurzer Tracht, welcher die Alten folgten, den ehrwürdigen Hans Sachs umgebend, der sich im dunkelfarbigen Pelzmantel wie ein wohlgelungenes Leben mit dem

Maler Gerhardt als Albrecht Dürer.

cher Handwerks- und Kunstmänner. Schon die Dreher zeigten als Genossen Hieronymos Gärtner, die Hufschmiede und Büchsenmacher, die Schwertfeger und Harnischmacher, die Gelb- und Rotgießer, unter ihnen Veit Stoß und Peter Vischer, die Maurer und Zimmerleute – sie alle schritten vorbei und als Krone und Abschluß des Zuges kam die Zunft der Maler und Bildhauer mit Albrecht Dürer an der Spitze.
Jetzt trat gewissermaßen die Stadt selbst auf. Hoch trug der kecke Fähndrich die wallende Fahne, der Stadthauptmann, kriegerisch prächtig, Bürgermeister, Syndikus, Ratsherren und endlich die festlichen Reihen der Geschlechter schlossen sich an. Seide, Gold und

Küfer- und Bäckerlehrling.

Schneidergesell.

Juwelen glänzten hier im schweren Überfluß. Die kaufmännischen Patrizier, deren Güter auf allen Meeren schwammen, übertrafen den mittleren Adel an Pracht und Reichtum. Ihre Frauen und Töchter rauschten wie große lebendige Blumen einher, einige mit goldenen Netzen und Häubchen um die schön gezöpften Haare, andere mit federwallenden Hüten, diese den Hals mit feinstem Linnen umschlossen, jene die entblößten Schultern mit köstlichem Rauchwerk eingerahmt. Inmitten dieser glänzenden Reihen gingen einige venezianische Herren und Maler, als Gäste gedacht, poetisch in ihre welschen, purpurnen oder schwarzen Mäntel gehüllt. Eine zweite breite Reihe von

Maler Wilhelm Lichenheld als Maximilian.

Trompetern und Paukern, überragt vom Doppelaar, führte endlich schmetternd das Reich heran. Ein Haufen Landsknechte mit seinem robusten Hauptmann gab sogleich ein lebendiges Bild jener Kriegszeit und ihres unruhigen, wilden und sangeslustigen Volkstumes. Nun wurde es wieder feierlicher und stiller. Vier Edelknaben und vier Ritter trugen Wappenschilder und Banner; Schwertträger, Herolde, die Leibwache, weitere Edelknaben, Jäger, Falkoniere und der Oberjägermeister schritten der Gruppe des Kaisers voraus, den Fackelträger umgaben. *Rock und Hermelinmantel von schwarzdurchwirktem Goldstoff, einen goldenen Brustharnisch tragend, auf dem Barett den königlichen Reif, ging Maximilian I. heroisch daher, das Angesicht auf das Heldenmütige, Ritterhafte und Sinnreich gerichtet.*
Nun schritt in Stahl gehüllt und waffenklirrend einher, was von der Lüneburger Heide bis zum alten Rom, von den Pyrenäen bis zur türkischen Donau gefochten und geblutet hatte: die glänzende Führerschaft des Reiches.
Kaum aber waren die beiden Züge vorbeigeglitten, *da rauschte der Mummenschanz heran, in welchem alles sich auftat, was die Künstlerschaft an übermütigen Sonderlingen, Witzbolden, Lückenbüßern und Kometennaturen vermochte. Voraus erschien der Mummereimeister auf störrischem Esel,*

Maler Seidl als Stadtsyndikus.

Karl Spitzweg als Stadtschreiber.

Maler Maximilian Haushofer als Falkner.

Knappe.

hinter ihm tanzten die bunten Narren und die Zwergschälke. Dann kam der bekränzte Thyrsusträger, welcher die behaarte, gehörnte und geschwänzte Musikbande führte. In ihren Bockshäuten nach der eigenen Musik hüpfend und hopsend, vor dem Bacchuszug, in dem auch die biblischen Kundschafter mit der Riesentraube mitschritten. Es nahte der Triumphwagen der Venus. Auf beiden Seiten ihres Wagens gingen Gefangene, der heidnische Dichter Aristoteles und der christliche Dichter Dante Alighieri. Diesem Wagen folgte der Aufzug der Diana auf einem ge- schmückten Wagen, begleitet von vielen Jägern *mit grünen Zweigen auf Hüten und Kappen, die großen Hifthörner mit Laubwerk umwunden, das Jagdkleid mit Iltisfellen, Luchsköpfen, Rehfüßen und Eberzähnen besetzt. Diana selbst saß mit Pfeil und Bogen auf einem Felsen, aus welchem ein Quell in ein Becken von Tropfsteinen sprang. Den südlich-griechischen Bildern folgte als nordisch-germanisches Märchen der Zug des Bergkönigs. Ein Gebirge von Erzstufen und Kristallen war auf seinem Wagen errichtet, und darauf thronte die riesige Gestalt im Pelztalar. Um ihn her schlüpften und gruben kleine Gnomen in Höhlen. Hinter dem Bergkönig auf demselben Wagen schlug der Prägemeister aus Silber und blankem Kupfer kleine Denkmünzen auf das Fest; ein Drache spie sie in ein klingendes Becken und zwei Pagen warfen die Schimmerstücke unter das schauende Volk.* Wie ein Traum zog diese Vielfalt der Gesichter vorbei, dreimal umzirkelte der Zug das Theater, sich kreuzend, begegnend, in Wechselrede hinüber, herüber sich anfeuernd. Das Theater erstrahlte in den Logen und unteren Räumen im

Mummerei-Meister.

Rueff als Bergkönig.

GMD Franz Paul Lachner als Meistersinger.

Maler Marr als Sänger.

Neureuthers Tochter als Patrizierin.

leuchtenden Schmuck geputzter Damen und Herren. Nach dem dritten Umzug stellten sich alle Mitwirkende in der Mitte des Saales auf, um ein von Felix von Schiller gedichtetes und von dem Hofkapellmeister Lachner meisterlich komponiertes Festlied zu singen, worauf dem König und der im Logensaal versammelten königlichen Familie ein begeistertes Hoch ausgebracht wurde. Wohlgefällig verfolgte Ludwig das prächtige Schauspiel: vielleicht dachte er zwanzig Jahre zurück an Rom, an das erste Künstlerfest.

Der Zug rauschte weiter; durch die Säle und Korridore der Residenz und durch die Hofgartenarkaden, die alle mit Neugierigen dicht angefüllt waren, ging es über den mit Pechflammen erleuchteten Platz in den großen Saal des Odeons, wo das Bankett gerüstet war. Der Kaiser hatte mit Dürer und seinen Vertrauten an einer besonderen Tafel im Halbrund des Saales Platz genommen. Hier speiste man von gediegenem Silber, Edelknaben warteten auf, Mundschenke kredenzten aus goldenen Pokalen. Die übrigen Ritter und Patrizier mit ihren Damen, mitten unter ihnen der Bergkönig, füllten die Mitteltafel, an den beiden Seitentafeln hatte je eine Gruppe der Landsknechte und der Meistersänger und Zünfte Platz genommen. In gesonderten Stuben wurden die Lehrjungen abgespeist. Pauker und Trompeter ließen ihre Lieder ertönen. Hans Sachs hielt während des Mahles eine Anrede an den Kaiser, die mit dem von Stunz komponierten allgemeinen Bankettlied schloß. In Heiterkeit und beschwingter Laune ging dieses denkwürdige Ereignis bis zum Morgengrauen.

Die Zeit der Feste

Durch dieses Fest wurde das Prestige der Münchner Künstlerschaft gehoben. Immer neue Gruppierungen trugen zu neuen Ideen bei. Der Chronist berichtet über den »Hohen Balvi-Orden«, den »Harbni-Bund«, das »Lustige Krokodil« und die Tischrunde »Kas'andra«. Diese Vereinigung hatte nichts mit der Tochter des sagenhaften Königs Priamos zu tun. Nein, jeden Abend mußte den »Kas an andrer« mitbringen. Eine Atmosphäre entstand in München, die auch die Bürger beflügelte und anregte. Die Künstler erlangten eine Volkstümlichkeit, wie sie in Deutschland einmalig war. Der große Kenner der Festhistorie, Georg Jakob Wolf, hat in großer Ausführlichkeit diese Zeit des Feierns und Festens beschrieben. Aus der Fülle seiner Aufzeichnungen hebt sich das »Thorvaldsen-Fest 1841« heraus, als ein Beweis für das Improvisationsvermögen der Künstlerschaft. Der berühmte dänische Bildhauer Bertel Thorvaldsen, dem München sein Maximilians-Denkmal verdankt, kam überraschend nach München. Man wählte schnell entschlossen den Knorrkeller, ein Wirtshaus am Marsfeld, wo heute der Winterbau des Zirkus Krone steht, zum Empfang aus. Die Wände bedeckte man mit rasch aus der Residenz entliehenen Wirkteppichen nach Zeichnungen von Peter Candid. Der Plafond wurde mit dekorativen Malereien geziert und die rauhen Dielen mit frischem Tannengrün bestreut. Noch unter dem Eindruck des vorjährigen Dürer-Festes stand die Vorliebe für gotisches Gerät. So starrten die Pfeiler des Biersaales von ritterlichen Rüstungen, Harnischen und Pickelhauben, von Turnierspeeren und Panieren. Ein Dutzend Kronleuchter hing funkelnd von der Decke. Eine riesige Tafel war überreich mit goldglänzenden Kandelabern und Blumensträußen geschmückt. Vor dem Sitz Thorvaldsens stand eine kleine Bronze-Nachbildung seiner Reiterstatue Maximilians. In einem Schwank wurde der Meister nach triumphalem Einzug mit seinen personifizierten Denkmälern konfrontiert, die im edlen Wettstreit die Städte, in denen sie standen, repräsentierten. Man stritt sich darum, welcher von ihnen Thorvaldsen gehöre.

Das Urteil des richtenden Zeus lautete:
Nein, dieser Mann gehört nicht einem
Lande,
nicht einer Stadt gehört er an,
denn er umfaßt mit seines Geistes
Bande
die ganze Welt – nur ihr, der Welt, gehört
er an.

11. Februar 1868, Karte zur maskierten Unterhaltung der Künstlergesellschaft »Kassandra«.

Wenn man die Entwicklung des Festcharakters in dieser lebendigen Zeit der Künstlervereinigungen beobachtet, kann man verschiedene Strömungen entdecken. Während der Historismus im »Waldfest 1879« einen seiner Höhepunkte feierte, das Märchenhafte unter dem Einfluß Moritz von Schwinds in romantischen Festen erblühte, bereiteten die Jungen mit Satire und Spott den notwendigen Umbruch des Feierns im Wandel des Zeitgeistes vor. Ein Beispiel der Fruchtbarkeit dieser Ideen ist der Maler Wilhelm Busch, der unter dem Einfluß der Vereinigung »Jung München« aus dieser Gedankenwelt der Persiflage seine Reife als großer deutscher Humorist erfuhr und dort auch auf seine Verleger Kaspar Braun und Friedrich Bassermann stieß, was dann bekanntlich zur Mitarbeit an den »Fliegenden Blättern« und bei den »Münchner Bilderbögen« führte.

Karikatur aus den »Fliegenden Blättern«. Ludwig Hollweck.

19. November 1861, Tanzunterhaltung von »Jung München«. Lithographie nach Max Adamo.

Viele der Vereine spalteten sich, formten sich zu neuen Zirkeln mit den alten Freunden. So schloß sich aus der Vereinigung »Jung München« ein Kreis zusammen, der sich »Die Nachtlichter« nannte. Begeistert sangen die Brüder, um Wilhelm Busch geschart, sein Vereinslied, das Georg Kremplsetzer komponiert hatte:

Wenn der Wind weht, wenn der Hahn kräht, wenn die Wetterfahne sich auf dem Turm dreht,
Beim Schrei der Eulen, bei der Wölfe Heulen,

Karikatur »Vater von Max und Moritz«. Ludwig Hollweck.

*Wenn das Geisterheer zieht übers Moor,
dann brich hervor mit Wundermacht, du
Licht der Nacht.*

Die Künstler standen in engem Kontakt untereinander und so befruchtete eine Idee die andere. Die poetischen Feste »Prinz Karneval und Prinzessin Fastnacht« am 19. Februar 1864 oder das »Blumenfest« einige Jahre später, auf dem alle Damen in Blumenkostümen erschienen, waren reine Märchenbälle voll Phantasie und romantischer Empfindung. Die gleichen Initiatoren, unter denen wir den Hofmaler Christian Jank oder den Festspieldichter Wilhelm Busch genauso wie Wilhelm Diez finden, parodierten im nächsten Fest den Gadanken des Märchens.

Busch verfaßte für den »Märchenball« im Odeon das Festspiel »Hänsel und Gretel«. Königin Marie war mit ihren Söhnen Ludwig und Otto unter den Zuschauern. Busch selbst hatte an diesen Vergnügungen seinen Spaß, wie diese Zeilen aus einem Gedicht von ihm auf das Trefflichste andeuten:

*Auch uns, in Ehren seis gesagt,
hat einst der Karneval behagt.
Besonders und zu allermeist
in einer Stadt, die München heißt.
Wie reizend fand man dazumal
ein menschenwarmes Festlokal!
Und gingen wir im Schnee nach Haus,
war grad die frühe Messe aus.
Dann konnten gleich die frömmsten Fraun
sich negativ an uns erbaun ...*

Daneben spielte man Rittergrotesken, die man in der Sommerkolonie am Chiemsee erfand und im Vereinslokal wieder aufleben ließ. Joseph Willroider, Karl Raupp und Joseph Wopfner fanden in den Motiven des Chiemsees ihre idealen Vorlagen. Zu diesen Freilandkolonien in Brannenburg oder in der Linde auf der Fraueninsel gesellten sich Eduard Schleich, Graf Pocci, Neureuther, Grützner oder Haidner. Tagsüber wurde gemalt und nachts gefeiert, dabei wurden oft »erschröckliche« Ritterparodien aufgeführt, in denen das Blut floß und gar grausam gemordet wurde. Die Bauerntheater in der Gegend fanden sich in ihrer ernsten Bestrebung oft verspottet und waren über diese Konkurrenz nicht immer erbaut.

Wenn man an historische Feste dieser Zeit erinnert, darf das »Waldfest 1879« nicht fehlen. Auf der Burg Schwaneck in Pullach, zu der Ludwig Schwanthaler schon 1843 zum großen Frühlingsfest mit der Künstlerschar hinausgezogen war, inszenierten die Münchner Künstler und die Akademie ein großartiges Fest. Karl Stieler war dabei und erzählte von den Mühen der Vorbereitung. Durch die »häserne Lohen« vor Pullach zog die schwergewappnete Ritterschaft, mit

1. Mai 1843, Maiausflug der Künstlergesellschaft »Stubenvoll« – »Sturm auf die Schwaneck« in Pullach.

1879, Karte zum Waldfest. Wilhelm Diez.

Herolden in wallenden Verkleidungen. Die Stadt und das Nationalmuseum hatten Kostüme und Geräte zur Verfügung gestellt. Die einzelnen Klassen der Akademie bauten die Wagen für die Bauern, Ochsengespanne und Bauernfuhrwerke, die mit alten Kleppern bespannt wurden. Auf dem Platz vor der Burg aufgeschlagene Schenken und ein Buffet im Renaissancestil sorgten für Erfrischung. Durch den Trubel der Ritter, Bauernscharen und Marketenderinnen ergossen sich die Zuschauer, mit drei Extrazügen aus München angekommen.

Eines der schweren Geschütze.

Der Bruder Karl Stielers, der Maler Eugen, sprach als Herold die Begrüßung. Dann begann der Sturm auf die Burg Schwaneck. Schwere Geschütze donnerten, Leitern wurden zum Erstürmen der Wehrmauer angelegt. Die Bauern liefen mit Dreschflegel und Morgenstern über die Wiesen, da erschien im Sonnenlicht zu Pferd der Hofschauspieler Bernhard Rüthling inmitten einer Gruppe Geharnischter. Trompetengeschmetter erscholl und der Bote Kaiser Karls V. gebot den Frieden. Jetzt stieg ein gewaltiges Fest. Der Maiwein floß fässerweise, es wurde getanzt, Chöre erschallten, dazwischen hörte man die satirischen Verse eines Klausners und im Fackelschein, im Licht der Lagerfeuer, dämmerte der neue Tag. Das Feuer dieses Genius loci war aber noch lange nicht erloschen. Selbst bis in unser Jahrhundert gedachte man im Schatten der Schwaneck mit der Habenschadenfeier des Malers Habenschaden, der einen Großteil seines Vermögens für notleidende Künstler hinterließ. Ich selbst kann mich erinnern, wie die Künstlergesellschaft Allotria diese Feste nach 1945 noch mit Vertretern des Hauses Wittelsbach und namhaften Künstlern feierte. Wir waren dazu mit unseren jedes Jahr wechselnden Programmen auf der Bürgerbräuterrasse heimisch geworden. Auch in der Burg, die damals im Besitz der Familie Heilmann war, konnte ich viele Feste und Aufführungen inszenieren und wandelte dabei gleichsam auf den Spuren Schwanthalers und seiner Freunde.

Der Klausner während seiner satirischen Predigt.

Vor dem Angriff.

Paul-Rubens-Fest 1857

Aus der Fülle der Feste und Feiern in diesen Jahren ragt das »Rubens-Fest« am 14. Februar 1857 heraus. Als Veranstalter zeichneten drei bedeutende Gesellschaften verantwortlich: der »Stubenvoll-Künstlerverein«, der »Künstlersängerverein« und »Jung München«. War das »Albrecht-Dürer-Fest« auf Nürnberg und das Reich in Idee und Aussage beschränkt, kam im »Rubens-Fest« die koloniale Exotik, die Seefahrt und damit die geheimnisvolle Sehnsucht nach fernen Ländern zum Ausdruck. Schwind, Piloty und von Pechmann waren die Schöpfer der Festgrafik. Der Ball und Festzug entfaltete Bilder des üppigen niederländischen Volkslebens. Man nahm einen geschichtlichen Vorwurf zum Anlaß: Die Stadt Antwerpen ehrt ihren Meister Paul Rubens. Sie gibt zu seiner Vermählung mit Hélène Fourment ein großes Fest.

Einladungskarte zum Rubensfest im Odeon.
Carl von Piloty.

Kostümentwurf für das Rubensfest. Eugen Adam.

Heinrich von Pechmann als Peter Paul Rubens. Foto Hanfstaengl.

Tochter von Peter von Hess als Hélène Fourment. Foto Hanfstaengl.

Es trafen sich Edelleute, Bauern und Vertreter jener Nationen, mit denen Holland damals durch Handelsschaften in Verbindung stand. Da sah man Farbige aus Indonesien und Afrika in ihren bunten Gewändern, Seeleute und Handelsherren, ein herrliches Milieu, das man wieder in Kostüm und Zeitcharakter nachzuzeichnen suchte. Rubens selbst stellte der Maler von Pechmann dar, seine Braut die Tochter des Schlachtenmalers Peter von Heß. Die beginnende Photographie ermöglichte es Franz Hanfstaengl erstmals, die Darsteller und ihre reiche Kostümierung auf die Platte zu bannen.

Ein Jahr später gab die Öffnung des Glaspalastes für die Zwecke der bildenden Kunst in der Allgemeinen Deutschen Kunstausstellung wieder Anlaß zum Feiern.
Erinnert sei auch an die 700-Jahrfeier Münchens mit Feierlichkeiten, Banketten und einem eindrucksvollen Festzug, der die Geschichte Münchens in Gruppen und Bildern schaubar machte. Die Künstlerschaft und Künstlervereine stellten sich mehr als ein Jahr unentgeltlich für die Vorbereitungsarbeiten zur Verfügung.

1858, 700-Jahr-Feier München – Historischer Festzug.

700-Jahr-Feier München – Liebfrauen-Dom.

700-Jahr-Feier München – Bäcker.

Reise um die Welt 1881

Nicht ganz zwei Jahre nach dem Schwanecker Waldfest lud die Akademie 1881 ins Kolosseum zu einer »Reise um die Welt« ein. Joseph Ruederer und Ludwig Ganghofer schilderten die Dekoration. Rechts und links berührten die Erdteile das Verdeck eines riesigen Schiffes. China war vertreten mit verschnörkelten Türmchen, Amerika, der wilde Westen mit Blockhäusern, Alaska mit Eskimos in tranbefeuchteten Zelten. In dem weißgetünchten Gewölbe eines Klosters boten Patres selbstgebrautes Bier, es gab Schnapslokale, sächsische Kaffeebuden, ein oberbayerisches Wirtshaus mit langer Bahn zum Kegelscheiben, kurzum ein gewaltiger Aufwand an Dekoration wurde getrieben.

Auf dem Verdeck des Schiffes spazierten Reisende, Typen aller Erdteile, Kaiser, Könige und Hausknechte. Bei den verschiedenen Erdteilen verließen einige Reisende das Schiff und andere stiegen wieder ein. In verschwiegenen Winkeln wurden Kuriositäten vorgeführt. Zum Beispiel zeigte ein Henker die spanische Inquisition und zwickte unter Gelächter auf der Folterbank den Delinquenten Markstücke aus dem Fleisch. Einige tausend Menschen nahmen an diesem Fest teil. Die Akademieklasse des Bildhauers Professor Max Wiedemann hatte die ganze Dekoration installiert. Die Eskimos waren junge Bildhauer, die sich mit Werg und Watte zottelig verkleidet hatten. Sie trugen Schellackringe um Hals und Gelenke. Es wurde immer lauter, die Stimmung stieg – da plötzlich eine hohe Feuersäule – viele, ja die meisten, dachten an eine Illuminations-Einlage, erst am nächsten Morgen wurde die Katastrophe in vollem Umfang bekannt. Neun Studenten kamen in den Flammen um. Das Fest ging rauschend weiter, weil die Verbrannten rasch hinausgetragen wurden und im Getümmel das Ausmaß dieses Totentanzes nicht klar wurde.

Die gesamte Künstlerschaft stand am Grab der jungen Leute, die gemeinsam auf dem Südfriedhof begraben wurden. Die Mehrzahl der Trauergäste hatte mit den Toten gemeinsam in den Ateliers der Akademie zusammen gearbeitet. Lange lag ein Schatten auf der Festlichkeit Münchens, bis eine neue Generation heranwuchs, der die »Eskimo-Katastrophe« nurmehr Erzählung war.

Einladung zum Akademiefest »Reise um die Welt« im Colosseum-Saal.

18. Februar 1881, Einladung zum Akademiefest »Reise um die Welt« im Colosseum-Saal.

DIE ALLOTRIA

Diese Pause in der Reihe der Feste möchte ich nutzen, über die eingangs erwähnte Allotria zu erzählen – eine Künstlergesellschaft, deren Nährboden die bisher geschilderte Szene war und die in kurzer Zeit zu einem Sammelbecken der Münchner Künstler wurde. Kraftvolle Persönlichkeiten erfanden und gestalteten Feste im großen und kleinen Rahmen, die zum Ausgang des Jahrhunderts Höhepunkte der Geselligkeit waren. Sie setzten ihre herausragende Stellung in der Münchner Gesellschaft ein, um ihre Ideen zu verwirklichen und der Allotria ein weit über die Grenzen der Stadt hinausgehendes Ansehen zu verschaffen.

Allotriaheim an der Stelle des heute dort stehenden Künstlerhauses.

Anno 1873 ist's gewesen!

Die Münchner Künstlergenossenschaft hielt Generalversammlung unter ihrem Präsidenten Konrad Hoff. Man debattierte über die Ausstattung, welche die Münchner Abteilung auf der großen Wiener Ausstellung erhalten sollte. Da war ein Gruppe, die meinte, man müsse dort etwas Flottes, Künstlerisches schaffen: Lenbach, Wagmüller, Rudolf Seitz, Schraudolph, Lossow, Diez, und Gabriel Max – und vor allem Lorenz Gedon. Diese erklärten, man müsse die Sache einmal anders anpacken als bisher, müsse eine schöne Dekoration des Raumes schaffen, eine stilvolle Umgebung für die Kunstwerke. Der Präsident Konrad Hoff jedoch erklärte: »Auf solche Allotria kann man sich nicht einlassen!« Dies Wort hatte nur gefehlt! Im Nu war es erfaßt und das Feldgeschrei der Jungen: »Allotria!« Just recht so. Allotria wollten sie treiben. Und man schritt sofort zur Tat; etwa fünfzig Künstler traten aus der »Künstlergenossenschaft« aus – die älteren, eben genannten, und etliche junge, hauptsächlich »Diezschüler«, die zur Mehrzahl heute einen hochgeachteten Namen haben, wie Heinrich Zügel, Gotthardt Kuehl, Georg Papperitz und andere – und gründeten ihren neuen Künstlerverein »Allotria«. Das erste Heim, das die neugegründete Gesellschaft aufnahm, war eine der ältesten und renommiertesten Münchner Wirtschaften – das Abenthum. Die wunderliche Bezeichnung des Gasthauses ist wohl einfach vom Familiennamen des Gründers abzuleiten. Gabriel Seidl gestaltete die feuchte Halle zu einem gemütlichen und behaglichen Künstlerheim um. Täfelung, altertümliches Gerät, treffliche Bilder – Stilleben von Loefftz und Gabriel Schachinger – schmückten die Wände. Es war ein traulicher Raum – unendlich wohlig und erwärmend. Das zweite Lokal der Allotria wurde auf einer der ehrwürdigsten Stätten Münchens gegründet. Der Künstlerschaft war ein Terrain an der alten, sagenumwobenen Stadtmauer überlassen worden. Auf diesem Grund stand ein altes Bauwerk mit rissigen Wänden, und diese Baracke schuf Lorenz Gedon zu dem herrlichsten, malerischsten Künstlerheim um, das es wohl jemals gegeben hat. Aus nichts, natürlich, denn das war seine Kunst. Ein Zauberwerk aus Sackleinwand und Latten, Gerüst und Laubwerk, Gips, Goldbronze und Leimfarbe erstand in der alten Baracke.

August Holmberg. Karikatur.

Wilhelm Diez. Karikatur.

Georg Papperitz. Karikatur.

Lorenz Gedon – »Der Prächtige«. Karikatur aus einer Kneipzeitung.

Lorenz Gedon war Bildhauer, Architekt, Kunsthandwerker, Maler – alles in einer Person! Überhaupt war seine Persönlichkeit fast noch stärker als sein Können. Ein echter Renaissancemensch in seiner Vielseitigkeit, die doch nur eine beneidenswerte Einseitigkeit war, ein vollkommenes Aufgehen seines Denkens, Fühlens und Wollens im Schönen überhaupt. Gedon war von der Gründung der Allotria bis zu seinem vielbeklagten Tode die Seele dieser Gesellschaft. Und sein Abschied von ihr war so rührend, so traurig und so schön – wenn jemand trotz schlimmer Leiden in Schönheit gestorben ist, so war er es. Das dritte Heim, das die Allotria bezog, war ein Saal im »Weißen Lamm« in der Barerstraße, den wieder Gabriel Seidl einrichtete, alte Teile der Gedonschen Einrichtung im zweiten Lokal benutzend. Ein stolzer Saal, der wohl einem Ritterschloß entstammen konnte, mit stilvoller Empore und allerlei geschmackvollem, altem Maßwerk. Was tun Künstler, wenn sie Allotria treiben? Etwas anderes als malen natürlich, oder das wenigstens nicht zu dem üblichen Endzweck. Jede Kunst wurde dort gepflegt. Viel Gelegenheit gaben dazu die Kneipzeitungen und Festzeitungen aller Art. Dort sind Abbildungen zu finden, die in der Geschichte der deutschen Karikatur geradezu eine epochemachende Rolle spielen. Das Beste, leider, ist nicht mitzuteilen. Die Künstler nahmen einander oft derb beim Schopf und wenn es dann der Außenstehende wahrnahm, der die Stimmung und ganze tolle Atmosphäre nicht kannte,

Die alte Allotria. Innenraum.

Allotriahcim im »Weißen Lamm« in der Barerstraße.

verstand er das Schönste davon nicht oder er mißverstand es. Fritz August von Kaulbachs Name sei für die Karikaturisten zuerst genannt. Seine Zeichnungen für die Allotria sichern ihm einen Platz in der ersten Reihe deutscher Karikaturzeichner. Es stehen nur zwei neben ihm: Wilhelm Busch und Adolf Oberländer. Am besten traf Kaulbach sich selbst und Lenbach. Seine Zeichnungen zu der Geschichte »Von Stufe zu Stufe«, für Akademiedirektoren und solche, die es werden wollen (er selbst ist Held des Werks), seine Schilderungen zu Lenbachs Reise nach Rom, wo jener den Papst malte und photographierte, sind überwältigend. Wie Lenbach den Kirchenfürsten am Kinn kitzelt – »Bitte recht freundlich!« –, wie er ihm den Pantoffel küßt – es gibt nichts Besseres! In dem Holzschneider und Kupferstecher Hecht hatte die Allotria für diese Dinge einen formgewandten und feinsinnigen Poeten; ihr Barde war Gustav Majer, »Schwabenmajer« genannt, ein Mann von kernigem Humor. Ein Unikum ist auch das Heft »Wahrheit und Dichtung, Gedankenspäne eines Holzschneiders«, wozu Kaulbach die köstlichsten Zeichnungen anfertigte. Der Text des

»Epos« ist von Hecht und schildert eine Reise durch Holland, die Makart, Gedon, Lenbach, Kaulbach und Hecht zusammen machten.

Auch eine Festzeitung zur Bismarck-Feier liegt vor und bietet Anlaß zum Lachen und zum Staunen – schon durch das Titelblatt allein, auf dem eine behäbige Monarchia mit einer Hand ein Bierfaß auf der Schulter hält, mit der anderen Hand dem in Lorbeeren versinkenden Reichskanzler die Rechte schüttelt.

Was an solchen Zeitungen an einzelnen »fliegenden Blättern«, was an Festkarten, Programmen, Einladungen und so weiter im Laufe der Zeit in der Allotria und für die Allotria produziert wurde, füllt dicke Mappen und Bände.

Besonders gelungen sind beispielsweise »Die Reise ins Niederland« und »Die Lenbachiade«, die auf den folgenden Seiten zitiert werden.

Wilhelm Hecht. Karikatur.

Selbstkarikatur Fritz August von Kaulbachs als frischbackener Akademie-Direktor.

Gustav Mayer, genannt »Schwabenmajer«.
Karikatur.

Allotriarunde. Karikatur aus einer Kneipzeitung, Fritz August von Kaulbach.

Lenbach bei Papst Leo XIII. Karikatur, Fritz August von Kaulbach.

Die Reise ins Niederland

Auch an bedeutenden Kunstfesten, die sonst in Deutschland oder im Ausland stattfanden, war man in der Allotria höchst interessiert. Am berühmtesten wurde die »Reise ins Niederland« zum Rubensfest 1877 in Antwerpen, über die eine von Fritz August von Kaulbach prachtvoll illustrierte Kneipzeitung vorliegt.

*Es zogen vier schaffende Künstler selbander ins Niederland,
drei glänzten und blühten in München und einer am Donaustrand.
Es waren dies Lenbach, Gedon und Kaulbach,
sowie der kleine Makart aus Wien.
Und freundlich erlaubten sie einem,
der leider bloß reproduziert,
als fünfter mit ihnen zu wandern,
der hat sich nicht lang geniert –*
und dieser Fünfte war der schwatzhafte Holzschneider Hecht, der in nicht weniger als 2000 Verszeilen diese Odyssee zu Papier brachte. An diese freilich gemahnt nur die Länge, im übrigen berührte ihn die Muse, die ihm auf dem Titelblatt die Feder in die Hand drückt,

»Die Reise ins Niederland«. Karikaturen von Fritz August von Kaulbach, Text von Wilhelm Hecht.

nur sehr flüchtig. So geschieht es ihm auch ganz recht wenn ihm Gedon, Makart und Lenbach mit vereinten Kräften zum Schlusse seines Berichtes die nimmermüde Dichterzunge abschneiden, während Kaulbach mit sichtlichem Vergnügen und großer Schadenfreude der Operation zusieht.

Neben all den nicht enden wollenden Alltäglichkeiten, die hier mit sichtlichem Behagen breitgetreten werden, ist vielleicht das einzig Ergötzliche ein tüchtiger Hereinfall Lenbachs, weniger ergötzlich wohl damals für ihn, als heut für uns. Bei dem Rubensfest, von dem wir sonst leider gar nichts erfahren, gab der Kunstverein »Anvers« nämlich ein Festbankett, zu dem alles geladen war, was Rang und Namen hatte. Obwohl nun weder Lenbach noch Makart Karten dazu hatten, warfen sich beide doch in Schale, um dem Mahl beizuwohnen: waren sie doch davon überzeugt, daß ihre Namen ihnen Tor und Tür öffnen würden. Mit »Hier irrte Lenbach« müßte man eigentlich das überschreiben, was jetzt kam:
*Denn als ans Eingangstor sie kamen,
da fragt man nach den werten Namen:
tief neigt der Mann sich vor dem Kleinen,
kratzt überhöflich mit den Beinen,
allein beim Andern bleibt er kühl,
und zeigt kein Respektgefühl.*

*Und während man das Hänschen ehrt,
schier andachtsvoll mit ihm verfährt,
ja während ihn empfangen schon
vier Herren als Deputation,
die ihn mit höflichsten Manieren
vereint zum Festlokale führen,
läßt man den Andern einsam stehn,
sagt ihm: es sei nichts vorgesehn,
da er nicht angemeldet wäre,
man habe leider nicht die Ehre. –
Was will er tun, 's ist zwar nicht schön,
allein er muß doch endlich gehn.
Da denkt er sich mit bittern Schmerzen
in seinem tiefgekränkten Herzen:
»Bin so berühmt doch fast wie Hans
und darf nicht mittun! – Viecher sann's!«*

Da Lenbach bei diesem peinlichen Abenteuer die Lust am Essen und Trinken vergangen war, lag der beleidigte Malerfürst schon um sieben Uhr in seinem Bett. Mit welchem Groll er seinen Frack und Zylinder betrachtete, kann man sich vorstellen.

»Die Lenbachiade«. Karikaturen von Fritz August von Kaulbach, Text von Gustav Mayer (»Schwabenmajer«).

Die Lenbachiade

Lenbach ist der Künstler Krone,
Ist der größte Epigone.
Van Dyck, Rubens, Tizian,
Velasquez, Sebastian,

Murillo und Tintoretto
Und der große Maledetto,
Lenbach hat von allen was,
Selbst vom ollen Phidias.

Weil es heute gilt zu schildern,
Theils in Worten, theils in Bildern,
Diesen weltberühmten Mann,
Fängt man bei der Wiege an.

Schildert Schritt für Schritt sein Leben
Und sein gottbegnadet Streben,
Wie als kleiner Knabe er
Führte schon den Pinsel schwer.

Weil er jeden Schulzwang haßte,
Frei sich mit der Kunst befaßte,
Hat Piloty ihn erkannt –
Und jung Fränzchen ging auf's Land.

Jetzt sah man in Schrobenhausen
Zwei verschrob'ne Maler hausen.*
Einer malte zwar nur Vieh,
doch der andre war Genie.

Wenn die Farben ausgegangen,
Barfuß sie nach München sprangen
Und von Farben eine Fuhr'
Brachten glücklich sie retour.

*Lenbach und Hofner

*Wenn sie schlecht mit Geld versehen,
Mußten sie gar pumpen gehen,
Als bei Voltz sie suchten eins,
Hatte dieser selber keins.*

*Einer, der blieb bei den Bauern,
Um dort gänzlich zu versauern,
Franz zum hohen Kunstberuf
Kriegt aus Weimar einen Ruf.*

*Dorten ging es anfangs besser,
Denn er wurde ein Professor,
Aber plötzlich mußt' er fort,
Ach, es war zu klassisch dort!*

*In der Folge als Logiste
Fristet er sein Leben triste,
Für den Herrn Baron von Schack
Malt er manches mit Geschmack.*

*Daß ihm's leidlich nur thät gehen,
Kann am Selbstporträt man sehen,
Ach, es ist ein wahrer Graus,
Schrecklich hungrig sieht er aus.*

*Freilich, dieses ist erklärlich,
Denn das Studium wird gefährlich,
Sucht man mit zu heißer Brunst
Das Prinzip der wahren Kunst.*

*Ja, in höchster Kunstekstase
Malt der Meister selbst bei Gase,
Einmal Morgens um die drei
War ich selber auch dabei. –*

*So studiert er täglich nächtlich, –
Doch – wie steht's mit ihm geschlecht-
lich?*

*Ob er hierin auch Genie,
Das verschweigt die Poesie.*

*Daß ein Kunstwerk abgerundet
Sein muß, bis es jedem mundet,
Das begriff der Meister und
Malt nur Köpfe, die sind rund.*

*Einen hab ich sagen hören,
Doch er könn' darauf nicht schwören,
Lenbach male auch famos
Eine Hand in brauner Sauce.*

*Jederzeit die großen Männer,
Auch Bierbrauer, Branntweinbrenner,
Hat er trefflich stets gemalt,
Wenn sie nur recht brav bezahlt.*

*Nur die Höchsten Potentaten
Sind ihm weniger geraten,
Zwar nicht übel war der Kopf,
Doch es fehlte was am Knopf.**

*Also auf des Ruhmes Leiter
Steigt er weiter, immer weiter,
Des Jahrhunderts größten Mann
Fängt er jetzt zu malen an.*

*Malt wie seine Augen blitzen.
Wie die mächt'gen Brauen sitzen,
Nimmt den Pinsel doppelt voll
Und wird schließlich bismarcktoll.*

*Lenbach hatte Kaiser Wilhelm I. porträtiert, dieser kritisierte einen Knopf an der Uniform. Lenbach drückte ihm den Pinsel in die Hand und forderte ihn auf, es besser zu machen.

Lenbach in Berlin

*Alles ist gar sehr entzücket,
Daß ihm dies so gut geglücket,
In Berlin der großen Stadt
Man ihn schier vergöttert hat.*

*Nur in München, sollt' man's glauben
Hängt man höher ihm die Trauben,
Dr. Sigl* ruft ihm zu:
»Bleib' nur bei den Preußen du.«*

*Doch er kommt zu uns auf's Neue,
Wirft die Perlen vor die Säue,
Will nicht Maler nur allein,
Will auch Weltbeglücker sein.*

*Wenn die Schönsten auch vergeckten,
Nimmer fehlt's ihm an Projekten:
Lachen ihn die andern aus,
Baut er sich ein Künstlerhaus.*

*Ja, man weiß es, die Gedanken
Kennen bei ihm keine Schranken,
Was ihm selbst noch nicht recht klar,
Macht er andern offenbar.*

*Auch auf zarte Frauenherzen
Wirkt er mit gewandten Scherzen.
Ja, wer Geist hat und Humor
Thut sich überall hervor!*

*Doch, um nicht zu werden fade,
Schließ' ich die Lenbachiade
Mit ihm selbst, daß jedermann
Diese Größe schauen kann.*

*Dr. Sigl, der Herausgeber der Zeitschrift »Vaterland«

Von links nach rechts: *Kaulbach, Laeverenz, Gedon, Schwabenmajer, Seitz, Lenbach, Piglhein, Baligand, Kuehl*.
Karikatur aus »Die Lenbachiade«

Der Alltag in der Allotria

Das Vereinsleben war in früheren Tagen wesentlich intensiver als heute. Fritz von Ostini schilderte sehr authentisch den Alltag in der Allotria:

Der Tarock war schon seit Lenbachs Zeiten Tradition. Unterhalb der Empore, hinter zwei romanischen Bögen, war noch ein kleinerer Raum für Liebhaber des Billardspieles. Tarocker und Billardspieler waren fast immer die gleichen. Hatte man Glück, dann saß man am großen Tische gemeinsam mit wohlbekannten Größen Münchner Künstler, wie Hengeler, Stuck, Oberländer, Seidl, Littmann, Bartels, Gedon, Rudolf Seitz, Ludwig Herterich, Benno Becker und anderen, in anregender Unterhaltung. Es kam auch vor, daß S. Kgl. H. Kronprinz Rupprecht in völlig zwangloser Weise mit am Tische saß. Stets war die Anwesenheit im kleineren oder größeren Kreise der »Allotria« in diesem historischen Saale erfüllt von dem Bewußtsein, Stunden gemütlichen Beisammenseins zu erleben, an einer Stätte, in welcher immer der Geist der großen Ahnen der »Allotria«, eines Lenbach, Kaulbach, Defregger, Schleich, Gedon, Thiersch, der Gebrüder Seidl, Littmann, Firle, Albert von Keller usw. usw., leben-

Tarockrunde in der Allotria, Simplizissimus 1913. Karikatur, Bruno Paul. Von links nach rechts: Laeverenz, Hengeler, Schrag, Vetter, Riggauer.

Anzeige.

Kommenden Samstag grosses **Preis-Taroken** in der Trinkhalle d. **Allotria**

I. Preis
Eine Professur an der Academie d. bild. Künste.

II. Preis
Ausführung eines Monumentalbrunnen's. Die Gesammtkosten sollen M. 783,86 nicht überschreiten.

III. Preis
Eine Lehrstelle an der Kgl. Kunstgewerbeschule

Hiezu ladet ergebenst ein:
München, — 19—.

D.A.

Franz von Stuck. Karikatur, Olaf Gulbransson.

Edmund Harburger. Karikatur.

Hermann Schlittgen. Karikatur.

dig geblieben ist und Würde und Ehrfurcht erheischten.

Für gewöhnlich sitzen an den Kneipabenden die verschiedenen Gruppen an ihren verschiedenen Tischen und unterhalten sich. Am Mitteltische pflegt Franz von Lenbach, das Haupt der Allotrianer, einen Tarock, an anderen Tischen wird zwanglos geplaudert und Ulk getrieben, am Klavier sitzt wohl einer oder der andere unserer Kapellmeister und oft genug bannt der Ton Wagnerscher Weisen allen Übermut in lautlose Stille. Generaldirektor Levi, unser eminenter Dirigent und ehemaliger Freund Wagners, oder Fischer, der des letzteren Schöpfungen kaum weniger sicher und geistreich interpretiert, nehmen den Platz am Flügel ein, einer der Sänger der Hofoper gibt ein Lied oder eine Opernpartie zum besten, irgendein Virtuose des Hoftheaterorchesters greift zu seinem Instrument. In der »Allotria« selbst existiert ein originelles Orchester, wenn man's so nennen darf: eine Gruppe von Waldhornbläsern, die recht ergötzlichen Vortrag zum besten geben. An kleineren Festlichkeiten und allerlei improvisierter Kurzweil fehlt es natürlich nie. Die Stiftungsfeste der »Allotria« kehren mit der gleichen Regelmäßigkeit wieder, wie die anderer Gesellschaften und geben immer wieder Veranlassung zu allerlei Mummenschanz und fröhlicher Kurzweil. Eine Liebhaberei Lenbachs ist es, alle erdenklichen Artisten herbeizuziehen. Schlangenmenschen und Jongleure, ganze exotische Karawanen, Nubier mit Bauchtänzerinnen etc. haben in der »Allotria« gastiert.

Eine Art von Vergnügen hat die Gesellschaft im Jahre 1889 durch Einverleibung des originellen kleinen Künstlervereins »Immergrün« erfahren, der inzwischen als exklusiver Kreis wieder erloschen ist, aber doch wohl den guten Zweck erfüllte, das malende Jungdeutschland, soweit es dort vertreten war, geschlossen zu sammeln und der neueren Kunstrichtung Achtung zu verschaffen. Die Gruppe »Immergrün« besitzt ein Karikaturenbuch, in dem leider die besten Blätter eine Publikation unmöglich zulassen, weil der Karikierte durchweg allzubös hergenommen ist. Aber es enthält künstlerische Leistungen first rate. Ein paar unserer Kühnsten und Kecksten unter den jungen Malern gehören an diesen Tisch! Franz Stuck, der Mann mit der reichen Phantasie und dem reichen Formengefühl, das manche immer noch denken läßt, es werde sich einmal aus dem farbenfrohen Maler ein bedeutender Bildhauer entwickeln; Julius Exter, ein Maler, dem die Farbe alles ist und den unsere Kunstphilister hier fast am allerschlechtesten behandeln von allen, weil leider die Mehrzahl der Menschen sehr »unmusikalische Augen« hat; Leo Samberger, der markige energische Porträtmaler, ein paar treffliche Karikaturenzeichner und Illustratoren etc.

Dem »Immergrün« gehört auch Konrad Dreher an, der populärste Münchner Komiker. Daß er bei jeder sich bietenden Gelegenheit durch Vortrag von Couplets, Gedichten, oberbayerischen Liedern und durch witzige Reden die Gesellschaft erheitert, ist klar. Gibt es doch in München keine Festkneipe, keine Wohltätigkeits-Veranstaltung ohne ihn. »Tritt der Dreher auf?« – »Ja.« – »Dann geh ich hin.«

An Gästen hat die »Allotria« so ziemlich alles in ihren Mauern begrüßt, was von bedeutenden Männern in den letzten 20 Jahren durch München kam. Darauf wird gehalten. Der große Farbenzauberer und kleine Mann Hans Makart ist hier gewesen, in derselben Stadt, wo man ihm einmal seiner »Tatenlosigkeit« halber die Kunstakademie verleidet, gar verschlossen hat; Wilhelm Busch, der Klassiker deutschen Humors; Adolf Hildebrand, der feinsinnige Bildhauer, an dessen Wiege die Geister großer Plastiker der Renaissance gestanden haben; Adolf Menzel, der für sich ganz allein in Deutschland Realist gewesen ist; Max Klinger, der die schönsten Radierungen auf der Welt machte und sich dabei in der Sehnsucht nach der Farbe verzehren soll, die ihm versagt zu sein scheint – und noch so viele andere. Als Alma Tadema, der »Marmor-Virtuose« und elegante Darsteller antiker Frauengestalten in feinfaltigen Gewändern, den originellen Münchner Künstlerkreis besuchte, improvisierte man ihm ein Alma-Tademafest, wieder einmal gleichzeitig eine köstliche Persiflage der Art des Gefeierten. Es erschienen zahlreiche Künstler im Alma Tadema-Kostüm, d.h. in Gewändern von nassem dünnem Papier, das sie auf der bloßen Haut trugen. Des berühmten Engländers, respektive Holländers etwas manierierter Faltenwurf war täuschend imitiert – aber die opferwilligen Darsteller sollen barbarisch gefroren haben. Hubert Herkomer, einer der gefeiertsten Bildnismaler Englands, hat nicht minder gern in der »Allotria« gesessen und wollte im Vorjahre sein Theater – wie er mir in London erzählte, war der »Geigenmacher von Cremona« dafür auserlesen – in der »Allotria« zeigen. Im Vorjahre ward nichts aus dem interessanten Experiment, aber es soll noch dazu kommen. Dagnan-Bouveret, dem der bayerische Staat eins seiner besten Bilder, die Madonna in der Zimmermanns-Werkstätte, abgekauft hat, Villegas, der vielseitige Spanier, die Bildhauer Ettore Ferrari und Monteverde, der geniale belgische Plastiker Vandertappen, sein Landsmann, der bedeutende Stilist de Vriendt, haben hier gesessen, gelacht und gekneipt. Nicht minder Viggo Johannsen, der Däne, der das Vornehmste kann, und dabei die vornehmsten künstlerischen Ansichten hat, die mir noch untergekommen sind. Neben den Fürsten der Kunst haben auch die Fürsten von Geblüt gern an genannter Stätte geweilt. Vor allen unser Prinzregent, als er noch schlichtweg Prinz Luitpold hieß und in allen Ateliers Münchens zu Hause war, sein ältester Sohn Prinz Ludwig und andere Prinzen unseres Königshauses. Auch Richard Wagner ist hier aufzuzählen, zu dessen Popularität die »Allotria« viel beigetragen hat. Hätte damals, als er, um mit Georg Herwegh zu reden, »wie Lola Montez unserer Biedermaier Schreck« war, der Verein schon existiert, wer weiß, ob nicht manches anders gekommen wäre. Heute zählt er unter

Leo Samberg. Karikatur.

Ludwig Herterich. Karikatur.

Der Dichter Paul Heyse. Karikatur.

ihre Götter. Und Gottfried Semper, der an berufenster Stätte auf hohem Ufer der Isar für Wagners Muse einen Tempel bauen sollte und nicht gebaut hat, er war Gast an demselben Tische. Chabrier, der Komponist der »Gwendoline« hat sich seines, in diesem Maße wohl unerhofften Erfolges dieser Oper – man sagt, der Preis für diesen Erfolg sei »Lohengrin in Paris« gewesen – auch in der »Allotria« gefreut, Brüll ist hier gewesen, Perfall, der Intendant der Münchner Hoftheater, hat sogar einen »Allotriamarsch« komponiert, von dem später im »Immergrün-Marsch« einzelne Motive verwendet wurden, Virtuosen und Sänger – es sind nicht viele in München gewesen, oder in München seßhaft, die da nicht einkehrten. Heinrich Vogel, Gura, der berückende Liedersänger, Nachbaur, der Mann mit dem unverwüstlichen Wohlklang seines Tenors. Siehr, Kindermann – wer zählt die Völker, nennt die Namen. Dann unsere Dichter: Wilhelm Hertz, Hermann Lingg, Paul Heyse, Martin Greif, auch Gerhard Hauptmann.

Es gehören der Gesellschaft durchaus nicht ausschließlich bildende Künstler an. Hohe Offiziere, auch niedere, die in solchen Kreis passen, einzelne Beamte, Schriftsteller, Juristen, namentlich Advokaten, Professoren, Schauspieler, Musiker, Sänger, Bankiers – alle Stände sind vertreten. Unter den bildenden Künstlern, die aus der Masse hervorragen, haben sie freilich ihr stärkstes Kontingent geholt, und wenn auch mancher alt geworden ist und lieber zu Hause sitzt, als in der Kneipe, es gibt doch nicht viele namhafte Künstler in der Isarstadt, die nicht »Allotrianer« waren. Zu den Alten, den Gründern, sind noch viele gekommen, die jetzt den Jungen das Banner voran tragen: Bruno Piglhein, der Präsident der neugebildeten Künstlergruppe »Verein bildender Künstler Münchens« (Secessionisten), Fritz Uhde, Hugo Freiherr von Habermann, Paul Höcker, Ludwig Herterich – die beiden letzten sind die jüngsten Münchner Akademieprofessoren – Schlittgen u.a. Eine vollständige Aufzählung aller verdienstvollen »Allotrianer« würde freilich zu weit führen und wir müssen unsere Liste schließen.

Es illustriert die Bedeutung der Allotria, die ihr in der Münchner Gesellschaft zugestanden wurde, daß zehn Persönlichkeiten, denen die Stadt das Ehrenbürgerrecht verlieh, in der Allotria verkehrten: außer Bismarck, Max Pettenkofer, dessen vorausschauendem Denken München seine vorbildliche Kanalisierung verdankt, Oberbürgermeister von Borscht, die Dichter Hermann Lingg und Paul Heyse, Graf Zeppelin und dann drei ordentliche Mitglieder selbst, Franz von Defregger, Gabriel von Seidl und Ferdinand von Miller. Die Ehrenmünze der Stadt München erhielten Wilhelm Filchner und die Architekten

Buchverleger F. R. Bassermann. Karikatur.

Paul Höcker. Karikatur.

Ludwig Thoma. Karikatur, Olaf Gulbransson.

General Mussinan. Karikatur.

Major von Baligand. Karikatur.

Theodor Fischer und Richard Riemerschmid. Die goldene Bürgermedaille, die seit 1824 verliehen wird, bekamen Ferdinand von Miller, Kommerzienrat Gabriel Sedlmayr und Joseph Radspieler, Max Pettenkofer, Bürgermeister Ritter von Borscht und Oskar von Miller, der Schöpfer des Deutschen Museums.

Beziehungsreich ist, daß neben Ludwig Thoma auch der Bruder Olaf Gulbranssons, Hans Kaspar Gulbransson, ein Redakteur des Simplizissimus, Allotrianer war, desgleichen Georg Hirth, der Verleger der »Jugend«, die den Stamm ihrer Zeichner in der Allotria hatte. Daß die Münchner Kaufmannschaft und

Fritz von Uhde. Karikatur.

die großen Fabrikanten ihren festen Platz in der Allotria hatten, ist selbstverständlich, wenn man weiß, welches Mäzenatentum diese Kreise des Bürgertums entfalteten: Ob das nun der Geheimrat Georg Proebst war, der ein langes Leben hindurch für seine Künstler sorgte und lebte, oder die Geheimen Kommerzienräte Gabriel Sedlmayr von der Spatenbrauerei, Anton Seidl, der Bruder der beiden Architekten und Inhaber der alten Bäckerei, Heinrich Röckl, der »Handschuh-Röckl«, oder Kommerzienrat Radspieler, die sich besonders um die Gesellschaft verdient machten.

Fast unzählbar sind alle, die in der Allotria heimisch waren, oder die es auch nur als Ehre und Erfordernis auffaßten, in der Allotria eingeführt zu sein. Viele Namen sagen uns heute nichts mehr, manche bedeutende, die in die Liste der Außerordentlichen oder der Gäste gehören, sind verloren. Namen jedoch wie die von Julius Kreis oder dem früheren bayerischen Ministerpräsidenten von Kahr, dem Eisenbahnminister von Frauendorfer, dem »Eusenbanminisder Frauentorpfer«, wie er in Ludwig Thomas Filserbriefen erscheint, oder von Professor Max Edelmann, dem berühmten Physiker der Technischen Hochschule, sind unvergessen.

Zu den Unvergessenen gehört auch Fritz Neumüller, der einer der belesensten Menschen und ein lebendiges Lexikon war, der Hofrat Pixis, der als Direktor des Kunstvereins mit der Kunst eng verbunden war und dessen Hingabe die Allotria verdankt, daß sie nach dem Zweiten Weltkrieg neu zusammenfand. Unvergessen vor allem ist Kronprinz Rupprecht von Bayern, Ehrenmitglied der Gesellschaft, der durch sein Mäzenatentum, seinen Kunstsinn und seine warme Menschlichkeit die hohe Tradition wittelsbachischer Kunstförderung fortführte und Mittelpunkt blieb, auch noch in einer Zeit, in der viele Kräfte bereits gewalttätig auseinanderstrebten.

Freiherr von Habermann. Karikatur.

Die Getreuen im Schoß der »Alma Allotria«. Karikatur, Adolf Hengeler.

Festzug Karl V. 1876

Kostümfest in den Sälen des königlichen Odeons am 19. Februar

Ein glänzendes Bild der Feste in der alten Allotria hat Dr. Karl Sälzle, langjähriger Direktor des Münchner Jagdmuseums, aus Kneipzeitungen und Quellen der Münchner Künstlergeschichte entworfen.

Er war ein großartiger Plauderer und wenn er im Kreise von Karl E. Olszewski, Carl Josef Bauer, Eugen Osswald, Rudolf von Kramer und Franz Josef Burke im »Wilhelm Tell« am Stammtisch Witze erzählte oder begeistert über sein damals noch im Nymphenburger Schloß ausgelagertes Museum sprach, war er für mich der Prototyp der allotrianischen Geselligkeit.

Schon im dritten Jahr des Bestehens der Allotria steht als ein Markstein in der Geschichte der Festlichkeiten des 19. Jahrhunderts das große Kostümfest des Karnevals 1876. Es war eine Kraftprobe sondergleichen, die sich die junge Gesellschaft damit zumutete, und man kann mit Freude sagen, daß sie restlos gelang, ja, daß die Erwartungen, die man in allen Kulturkreisen Münchens in dieses Fest setzte, noch bei weitem übertroffen wurden.

In diesen Jahren der Gründerzeit, als der gewonnene Krieg und die Einigung des Vaterlandes durch Bismarck noch alle Herzen höher schlagen ließen, und in der Kunst die »Neu-Renaissance« am üppigsten ins Kraut schoß, war es nicht verwunderlich, daß man sich daran erinnerte, daß Kaiser Karl V. auf seinem Zuge von Bologna zum Reichstag in Augsburg am 10. Juni 1530 auch in München seinen glänzenden Einzug gehalten hatte. Ihm voran waren damals die Herzöge Wilhelm und Ludwig von Bayern, die Pfalzgrafen Friedrich und Ottheinrich, der päpstliche Legat Kardinal Lorenzo Campaggio und die Erzbischöfe von Salzburg, Lüttich und Trient geritten, zu denen sich die Bischöfe von Passau und Brixen mit zahlreichen polnischen und spanischen Klerikern gesellt hatten. Dem Kaiser zur Rechten war sein Bruder, König Ferdinand von Böhmen, dem später Deutschlands Schicksal anvertraut wurde, unter dem Donner der Geschütze in München eingezogen. Glänzender als sein kaiserlicher Bruder, der einen gelbschwarz gestreiften Samtrock getragen hatte, war der Böhmenkönig gekleidet gewesen, dessen geschlitzter goldener Waffenrock sich über silbernem Tuch geöffnet hatte. Dem Kaiser waren Reichsschwert und Krone, dem Kardinal das Kreuz vorangetragen worden. Ein ähnliches Gepränge – sicherlich hatte man auch den berühmt gewordenen Einzug Karls V. in Genf fleißig studiert – sollte nun diesem Allotriafest den äußeren Rahmen geben.

Kinderfestzug zum 700jährigen Jubiläum des Hauses Wittelsbach. Zeichnung, Rudolf Seitz.

Mit wahrem Feuereifer stürzten sich die jungen Leute in die Arbeit für dieses große Werk. Allein in die Anfertigung der Kostümskizzen, die lange vor dem Fest bereits öffentlich ausgestellt waren, um den Teilnehmern gute Vorlagen zu liefern, teilten sich neunzehn Künstler. Einhundert dieser Entwürfe bewahrt noch heute die Maillinger Sammlung und sie zählen jetzt zu den kostbarsten Schätzen des historischen Stadtmuseums. Wenn man bedenkt, daß der Nestor dieser Künstlerschar, der Akademieprofessor Wilhelm Diez, damals nicht mehr als 38 Jahre zählte und fast alle anderen seine Schüler waren, flößt einem die Tatkraft und die Unternehmungslust dieser jungen Leute nur noch um so mehr Achtung ein. Man muß in diesen köstlichen, durchwegs in Farbe ausgeführten Skizzen geblättert haben, um einen Begriff davon zu bekommen, mit welcher Lust und Liebe jeder einzelne sein Bestes gab. Da treffen wir auf viele später berühmt gewordene Namen wie Rudolf Seitz, Wilhelm Räuber, Bruno Piglhein, Heinrich Lossow, Gustav Laeverenz, Gotthard Kuehl, Hermann Kaulbach, August Holmberg, Ludwig Herterich, Joseph Flüggen und den Grazer Mayer, der wohl die künstlerisch vollendetsten Figurinen – Feldhauptleute, Landsknechte und Armbrustschützen, Ratsherren und Bauern – für dieses Fest entwarf. Dieser, wie mancher anderer, schuf, ohne der historischen Treue nicht gerecht zu werden, mehr aus freier Phantasie, andere wieder skizzierten, wie etwa Claudius Schraudolph, eine Reihe fürstlicher

Kostümentwurf, Franz Widnmann.

Personen nach Gemälden von Lucas Cranach, und Fritz August Kaulbach nahm sich die Baseler Frauentrachten Holbeins des Jüngeren zum Vorbild, die er freilich, bis auf eine einzige Ausnahme, recht keck variierte und mit einem bezaubernden Kolorit überzog. Der Festsaal war für den Abend des 19. Februar prächtig und auf das sinnvollste ausgestaltet. Drei Seiten des Saales schmückten riesige Malereien auf Kartons, die den Gobelins täuschend nachgeahmt waren. Alle zeigten sie historische Szenen aus der Zeit der Renaissance und wichtige Abschnitte im Leben Maximilians I. und Karls V.

Fritz August Kaulbach und Heinrich Lossow malten je einen der großflächigen Kartons der einen Längsseite. Kaulbach übernahm dabei die Darstellung jenes denkwürdigen Abends des 18. August 1477, an dem Erzherzog Maximilian vom Großvogt von Gent an der Spitze von fünfhundert weißgekleideten Reitern vor den Mauern der Stadt empfangen wurde. Alles prangt im Blumenschmuck. Wehende Girlanden und kunstvolle Triumphpforten grüßen Maximilian, dessen Gewand in Goldbrokat im Schein der Fackeln rot aufleuchtet. Umwogt vom tobenden Geschrei der Volksmenge, eilt Maximilian die Stufen der Burg empor, wo zwei Damen seiner am Tore harren: die Herzoginwitwe Margarete und die junge Herzogin Maria von Burgund. Die ältere der beiden Frauen reicht ihm die Wange zum Kusse, dann aber – und das war die Hauptszene dieses Gobelins – steht der Erzherzog beglückt vor Maria, seiner

Kostümentwurf, Wilhem Diez.

künftigen Braut, wobei aller Etikette zum Trotz sich beide an den Händen fassen und den Blick nicht voneinander lösen können. Lossows Karton aber zeigte folgerichtig die Trauungsfeier des jungen Paares in der Hofkapelle, zu welcher der Erzherzog in silberner Rüstung erschienen war. Zwei Kinder, der Graf von Geldern und seine Schwester, tragen die Kerzen. Die Braut trägt ein goldbesticktes, weißes Damastkleid mit einem Hermelinmäntelchen darüber und einen juwelenbesetzten Goldgürtel, die Krone Burgunds auf dem Haupte, unter der ihr Haar sich über den Nacken ringelt. Auf einem grünen Kissen unter einem Baldachin kniet das Paar vor dem Altar. Der Erzbischof von Trier vollzieht die Zeremonie und teilt eine Semmel zwischen den beiden, nachdem er von derselben gekostet hat; doch erst, nachdem sie von einem mit Rotwein gefüllten Kelch genippt haben, werden sie für den Lebensbund gesegnet.

Die andere Längsseite des Saales zierten wiederum zwei thematisch aufs engste zusammenhängende Kartons. Der eine, von Professor Diez gemalt, nahm sich die Schlacht von Pavia (1525) zur Vorlage, in der König Franz I. von den kaiserlichen Truppen gefangengenommen wurde, während sich Karl V. freilich recht weit vom Schlachtfeld entfernt befand. Wenn es um Landsknechte ging, war Meister Diez so recht in seinem Element – wie gerne schuf er doch immer wieder diese kernigen Gestalten, und hier hatte er dieser übergenug: Da standen deutsche Landsknechte unter Franz von Sickingen und Georg von Frundsberg neben der spanischen Soldateska dem Franzosen Franz I. gegenüber, und auf beiden Seiten konnte er nach Belieben die Schweizer Söldner und die nicht weniger malerischen Italiener auf seinen Karton zaubern. Der von Bruno Piglhein geschaffene Wandschmuck beschäftigte sich mit der Begrüßung Kaiser Karls V. durch König Franz I.; diese auf Einladung des Königs erfolgte und von Karl lebhaft befürwortete Zusammenkunft fand am 15. Juli 1538 im Schloß von Aignesmortes an den Lagunen westlich der Rhône statt. Da zeigte sich der übergalante Franz I., dem nach seinen eigenen Worten ein Hof ohne Damen wie eine Wiese ohne Blumen vorkam, in strahlender Erscheinung: in golddurchwirktem Wams, durch dessen Öffnung das feinste Linnen sich hervorbauschte, und einem Überwurf mit Stickereien und goldenen Troddeln. Zwischen diesen Gobelins aber hingen große, durch den Bildhauer Wagmüller gestaltete Künstlerwappen, über denen je ein Pfau und ein Falke schwebten.

An der dritten Seite des Saales befanden sich wiederum zwei riesige Kartons, der eine von Gustav Laeverenz und Conrad Reinherz, der andere von August Holmberg, dem späteren Direktor der Pinakothek, gemalt. Beide brachten je zwei Landsknechte mit mächtigen Wappenschildern. Auch zwischen diesen beiden Kartons prangte ein Wagmüllersches Wappenschild, von einem fliegenden Adler überschattet. Die halbrunde Seite des Saales, die Apsis, war von dem Bildhauer und Architekten Lorenz Gedon mit einer äußerst niedlichen, söllerartigen Tribüne ausgestattet worden. Da sah man inmitten von Sträuchern und hohen Baumgruppen die beiden Thronsessel, die von einem bis zur Decke reichenden Thronhimmel, in dessen halber Höhe ein mächtiger Adler auf rotem und goldenem Grunde sich zeigte, überschattet waren. Zu Füßen der Thronsessel war das Fell eines weißen Löwen ausgelegt und breite, von Blumen eingefaßte Stufen führten zu den hohen Sitzen.

Schon bei Saalöffnung um 17.30 Uhr fanden sich die ersten Gäste ein, alle in Kostümen der ersten Hälfte des 16. Jahrhunderts. Gegen 19 Uhr erschienen dann in der eigens dafür eingerichteten Loge die kgl. Hoheiten, Prinz Luitpold, Prinz Ludwig mit Gemahlin, Prinz Arnulf und Herzog Karl Theodor mit Gemahlin, nebst hohem Gefolge – alle diese Herrschaften waren, wie doch so selten, gleichfalls kostümiert.

Nach 20 Uhr wurden die Flügeltüren des Speisesaales geöffnet, und unter den Klängen eines für das Fest von Baron von Perfall komponierten Festmarsches setzte sich der aus mehreren hundert Personen bestehende Festzug in Schlangenwindungen durch den gefüllten Saal in Bewegung. Dem Zug voran schritt der prächtig kostümierte Herold (Lorenz Gedon) als Festordner, gefolgt von einem Trupp von Landsknechten in ihrer malerischen Tracht, mit langen Spießen bewaffnet. Darauf kam eine Gruppe von Jägern, von denen einige auf der behandschuhten

Hand Falken trugen, während andere sich mit erlegten Wildschweinen und Bären abschleppten; den Jägern beigesellt war eine Reihe von Edelfräulein, die eine Koppel Windspiele mit sich führten. Ihnen folgte eine Rotte Bauern, darauf kamen die Vertreter der verschiedensten Zünfte, Bürger und Bürgerfrauen, denen sich eine Anzahl würdiger Ratsherren anschloß. Dann zog eine recht drastische Gruppe ein: das hochnotpeinliche Halsgericht, das aus sechs Vermummten und dem Henkersknecht (Karl Mayr) bestand. Einer weiteren Landsknechtsgruppe folgte ein prächtig in den Reichsfarben kostümierter Herold (Hofschauspieler Rüthling), worauf die Würdenträger der römischen Kurie den Saal betraten: der Kardinal Nuntius, der Gesandte des Papstes mit seinem Gefolge; schließlich kam noch der Ablaßkrämer Johann Tetzel (natürlich vom Schwabenmajer, dem berühmten »Guschtavle«, dargestellt), mit einer ganzen Schar von Dominikanern, Franziskanern und Kapuzinern. Einigen berühmten Reformatoren folgte die edle Zunft der Künstler und Gelehrten mit ihren Frauen, darunter Albrecht Dürer (in der täuschenden Maske verbarg sich Franz von Defregger), Hans Holbein, Erasmus von Rotterdam, Hans Sachs und Ulrich von Hutten; hinter diesen zogen die berühmten Feldherren und Ritter jener Zeit auf den Plan, unter anderen Georg von Frundsberg, Schertlin von Burtenbach, Götz von Berlichingen und Franz von Sickingen. Und nun erst erschienen die Fürsten und Fürstinnen, alle in den prächtigsten Gewändern, und in Haartracht und

Selbstkarikatur, Fritz August von Kaulbach als Karl V.

Geste den Vorbildern der alten Meister, wie etwa Lucas Cranach, getreulich nachgebildet: allen voran Herzog Wilhelm IV. von Bayern, dann Philipp Landgraf von Hessen, Johann Friedrich Kurfürst von Sachsen, Ulrich, Herzog von Württemberg, Friedrich der Weise von Burgund, ein jeder mit großem Gefolge.

Nach einer unfreiwilligen Pause betraten dann die Gesandschaften am Hofe Kaiser Karls V. den Saal. Unmittelbar darauf zog das Gefolge des Kaisers ein, dem in weißen Schleppkleidern, paarweise angeordnet, die zwölf Festjungfrauen mit ihren von Blumen überquellenden Füllhörnern sowie viele schmucke Pagen mit langen, brennenden Wachskerzen folgten. Endlich kam, von vier Bauern gezogen, der prächtige, vergoldete Wagen, auf dem der Kaiser, geschmückt mit dem Orden des Goldenen Vließes, und die Kaiserin (Fritz August Kaulbach und die Gattin Hermann Kaulbachs) in historisch nachgebildeten Kleidern thronten.

Sowie dieser Wagen vor den Stufen, die zu den Thronsesseln führten, angelangt war, machte der ganze Zug halt, das Kaiserpaar verließ denselben und begab sich unter dem Jubel der Menge auf seine Plätze. Mit dem Vorbeidefilieren der kaiserlichen Leibwache schloß der Festzug.

Sodann setzten sich alle Fürsten und Fürstinnen sowie alle Feldherren und Ritter mit ihren Frauen in ihrem Gefolge zur Rechten und Linken des Kaiserpaares. *Es war dies jedenfalls der herrlichste Anblick des Abends*, meint dazu ein Chronist jener Zeit, und wir wollen ihm dies gerne glauben.

Darauf sprach einer der Herolde (Hofschauspieler Rüthling) den von dem Dichter Hermann von Lingg, einem Ehrenmitglied der Gesellschaft, verfaßten Prolog:

Verkünden läßt euch Rittern und Vasallen,
euch Bürgern, Herrn und weisen Räten allen,
euch Meistern jeder Kunst und Weltgelahrtheit,
euch Frauen, reich an Anmut und an Zartheit,
verkünden läßt von seinem hohen Throne
der Kaiser Karl, zu dessen stolzer Krone
die Sonne wendet stets ihr Angesicht,
in dessen Reich nie untersinkt ihr Licht:
Freud', Jubel herrsch', Gelag und Tanz
an diesem ihm gebrachten Mummenschanz.
Ein Kampfspiel soll beginnen zu Lust und Augenweid'
den edlen Frauen hier allen und jeder holden Maid,
auf unsres Kaisers Machtspruch, ihr Ritter tretet vor,
betretet die Schranken und hebet Helm und Schild empor!
Ihr Knappen, bringt die Rosse, ihr Pauker und Zinkenier
gebt mit der Trompete das Zeichen zum fröhlichen Turnier!

Ehe es aber soweit kommen konnte, fragte der Herold erst noch den Kaiser, ob er einer orientalischen Abordnung eine Audienz gewähren wolle: Nach zustimmendem Nicken seiner Majestät erschien sie, bestehend aus zahlreichen, prächtig kostümierten Orientalen: ihnen voran schritt eine mit Orientinstrumenten ausgestattete Musikergruppe, dann folgten unter Vorantragung der üblichen Roßschweife einige Großtürken, worunter sich auch der köstlich herausgeputzte, von Waffen geradezu starrende Franz von Seitz befand, indessen vier Mohren auf einer Sänfte die kostbaren Geschenke herbei brachten, die unter einem Baldachin von Straußenfedern lagen. Und nun erst hielt der zweite Herold (der Bildhauer Wilhelm von Ruemann) seine Ansprache:

Gnädigster großmächtiger Kaiser,
ich steh hier als Abgesandter,
Herold zweier edler Herren,
die vor deinen Augen heute
durch der Waffen Gottesurteil
einen alten Zwist und Hader
beizulegen sich verlangen.
Kämpfen will der edle Wolf
Grimbart aus der Jammerhöhle
mit dem hochgebornen Hans
Immerfroh zu Lustenau.

Darauf erwiderte der erste Herold:

Kaiser Karl tut euch zu wissen,
daß er zwar zum heut'gen Feste
sich nur frohes Spiel erwartet,
nicht solch ernsthaft bitteren Zweikampf –
aber er hält eure Sache
für so folgenschwer und wichtig,
daß sie keinen Aufschub leidet.

Die von dem Hoftheatertechniker Maurer täuschend nachgebildeten Pferde, welche, um die darin agierenden Männer zu verbergen, bis zum Boden mit bestickten Schabracken behängt wa-

Eintrittskarte zum Kostümfest »Karl V.« der Allotria im Odeon. Franz Widmann.

Das Turnier. Zeichnung, Fritz August von Kaulbach.

ren, wurden nun vorgeführt und von den zwei voll gepanzerten Rittern bestiegen. Darauf trat wieder der erste Herold hervor und sprach:

Edler Wolf von Grimbart aus der Jammerhöhle und edler Hans Immerfroh von Lustenau, seid ihr gesonnen, euch dem Gottesurteil zu unterwerfen?

Darauf nickten beide bejahend und der Herold sagte darauf das entscheidende Wort:

So hebt in Gottes Namen an, daß man das Recht erkennen kann.

Nun ritten die beiden Kontrahenten unter Fanfarengeschmetter das erste Mal gegeneinander, und wo sie sich gegegneten, senkten sie ihre Lanzen. Beim zweiten Rennen aber legten sie diese ein und stießen gegeneinander, wobei des einen Tunierlanze zerbrach. Nachdem dieser von seinem Knappen einen neuen Speer erhalten hatte, galoppierten beide nun flott aufeinander zu und der von Lustenau hob Wolf Grimbart aus dem Sattel. Da verkündete bei erneutem Trompetenklang der erste Herold:

Eure Sache ist entschieden und so folge nun dem Urteil die Vollstreckung auf dem Fuße: Hebe dich von hinnen, Wolf Grimbart aus der Jammerhöhle, bist von dieser Stunde als ein Feind des Kaisers für geächtet und für vogelfrei erklärt,

worauf sich eine Reihe von Schalksnarren des armen Wolf Grimbart bemächtigte und ihn aus dem Saale schleppte. Indessen aber wendete sich der Herold dem Ritter Hans zu:

Trete vor, du edler Sieger, Immerfroh von Lustenau und empfange aus der Hand der schönsten Dame deinen Dank.

Und unter Trompetengeschmetter drückt die Dame dem Sieger einen Lorbeerkranz auf das Haupt. Zum Ritter Immerfroh sprach aber ein letztes Mal der Herold:

Weil du bei edlen Frauen gelitten, sollst du auch wählen aus ihrer Mitten und sollst eröffnen den heutigen Tanz.

Indem Ritter Immerfroh an der Hand der Kaiserin die Polonaise eröffnete und dem Paare die unabsehbare Reihe der Tanzlustigen folgte, schloß die offizielle Feier.

Dieser Festzug Karl V. war also eine Maskerade, die sich sehen lassen konnte, gewissermaßen auch ein Prüfstein, zu was allem die Allotria mit ihren ausnahmslos jungen Künstlern überhaupt befähigt war. Wie weit schon damals ihr Ruf gedrungen war, beweisen die vielen hochgestellten Gäste, die an dem Feste teilnahmen; neben den bereits genannten seien noch erwähnt: die beiden Prinzen von Anhalt, die Fürsten Fugger, Oettingen, Spielberg und Wrede, die Grafen Moy, Quadt und Luxburg, Exzellenz Minister von Pfeufer, der österreichische und der preußische Gesandte und Vertretungen der Künstlerschaften aus Stuttgart, Leipzig, Frankfurt, Berlin, Wien, London und Petersburg.

In der Allotria wurde das Fest lange nicht vergessen. Interessant ist noch, daß Makart, welcher der Allotria stets so nahe stand, in Erinnerung an dieses Fest, obwohl er diesem selbst nicht beigewohnt hatte, 1878 seinen berühmten, heute die Kunsthalle von Hamburg zierenden »Einzug Karl V. in Antwerpen« malte.

Kostümentwurf, August Holmberg.

Kostümentwurf, Rudolf Seitz.

Künstler-Maskenfest 1886

Von den vielen Münchner Künstlerfesten möchte ich noch das des 23. Februar 1886 herausgreifen – einesteils, weil schon die Idee dazu besonders reizvoll war, und anderteils, weil gerade ein Fest, das von der gesamten Münchner Künstlerschaft veranstaltet wurde, den überwältigenden Anteil beweist, den die Mitglieder der Allotria an derartigen Veranstaltungen genommen haben.

Der Ball – der ganze Saal war in eine prächtige Winterlandschaft verwandelt – wurde von einem Vorspiel, dem »Festgruß des Königs Winter«, zu dem der unverwüstliche Schwabenmajer wieder seine Leier schwang, eingeleitet. Den König Winter spielte dabei der mit dem Dichter unzertrennliche Heinrich Braun und den Fuhrmann der Hofschauspieler und Allotrianer Konrad Dreher.
Das Bühnenbild zeigte eine unwirtliche und tiefverschneite Waldgegend im Dämmerlicht. Peitschenknallen und das Knarren eines Wagens hörte man schon, ehe noch im Hintergrund der Fuhrmann erschien, welcher das vor einen Karren gespannte Pferd antrieb. Dabei fluchte der Fuhrmann Stein und Bein auf den Winter, bis sich plötzlich der Nebel zerteilte und man inmitten einer Welt von Gletschern auf seinem Throne aus Eis den König Winter, umgeben von seinem Hofstaat, erblickte. König Winter sprach zu dem Fuhrmann nun folgende Worte:

*Du siehst des Winters rauhe Seite nur,
drum sei dein polternd Schelten dir verziehen –
die Freuden, die durch mich erblühen
bei Schnee und eisbedeckter Flur,
des Winters mannigfache Herrlichkeit,
nicht will ich sie in dürren Worten schildern,
nein heute, wo der Künstler hier gebeugt,
entfalt' er seine Kunst in farbenreichen Bildern!
Du aber tritt herzu und sei mein Gast:
willkommen in des Winters eisiger Halle!*

*Sieh dich nur um, es schimmert der Palast
im Glanz der Silberblumen und Kristalle!*
Daraufhin eilte vom Hofstaat des Königs Winter, unter dem sich auch eine Eisprinzessin befand, eine Anzahl Gnomen herbei, welche Pferd und Karren, die inzwischen in einen Graben abgerutscht waren, von dannen führten. Nach einer

Künstlermaskenfest. Scherenschnitt, Rudolf Winkler.

weiteren Ansprache des Königs mit dem Hinweis auf das geplante Künstlerhaus:

*In unsrer lieben Münchner Stadt
die Kunst längst eine Heimat hat –
da soll den auch ein Haus von Stein
ein ewig dauernd Denkmal sein!* –

begann der reizend arrangierte Festzug. Die erste Gruppe von Professor Otto Seitz und Watter brachte Knecht Rupprecht und den Pelzmärtel, umgeben von Kindergruppen mit Schlitten und Schneemännern.

Darauf folgte eine Reihe von eleganten Schlitten mit wohl noch eleganteren Damen, die alle von Schlittschuhläufern gefahren wurden – natürlich ein Arrangement von Heinrich Lossow, denn wo immer es auch der holden Weiblichkeit Weihrauch zu streuen galt, war dieser famose Festarrangeur zur Stelle – galt er doch nicht umsonst als einer der erklärten Champions der Münchner Gesellschaft. Im übrigen war Lossow kgl. Konservator der Gemäldegalerie in Schleißheim, bewohnte daselbst den ersten und zweiten Stock des rechten Schloßflügels und war vom kgl. Hof mit der Aufgabe betraut, die Schleißheimer Festlichkeiten künstlerisch zu gestalten: Venezianische Nächte auf dem Kanal der Parkanlagen mit Gondeln und Lampions, vielfältige Maskeraden in den Sälen des Schlosses und so weiter.

Nach der Schlittenparade schmückte den Festzug eine bürgerliche Gruppe in Kostümen des 18. Jahrhunderts: da wurden Ofen und Ofenbank mitgeführt, dahinter kamen Spinnerinnen, Bauernburschen und sonstiges Volk mit einer kleinen Bauernkapelle. Die nächste, von Hermann Kaulbach entworfene Gruppe brachte einen Wagen mit dem Weihnachtsbaum, den Engel herausputzten. Unter dem Baum aber schliefen zwei arme Kinder, und wiederum waren es Engel, die ihnen Spielsachen in den Schoß legten, umgeben von Nußknackern, Heinzelmännchen, Wichteln und Zwetschgenmännchen. Die heiligen drei Könige des Malers Rickelt, der so viele Festarrangements von Allotrianern in flotten Zeichnungen festgehalten hat, schlossen sich diesem Wagen an.

Einer Gruppe historisch kostümierter Waldhornbläser folgte ein Jagdzug aus der Zeit Kurfürst Max Emanuels: vier Adelige zu Pferd, umgeben von Trabanten, ritten hinter einer Anzahl Jäger und Treiber; danach kam eine Gruppe adeliger Damen und Herren zu Fuß, die von Heiducken und Mohren begleitet wurden; hinter diesen marschierte ein Zug Wackersberger Schützen, und Jäger, mit vielfältiger Jagdbeute beladen, beschlossen diese Abteilung. Die Neujahrsgruppe, die nun kam, war von Rudolf von Seitz entworfen. Sie bestand aus einem mächtigen, goldenen Aufbau, auf dem in einem strahlenden Tierkreis ein Jüngling stand, der das Neue Jahr versinnbildlichte. Unter ihm saß, in bläulichen Nebel gehüllt, ein Greis, der das verflossene Jahr darstellte. An den vier Ecken des Gefährts wurden in Form von Karyatiden von zwei Damen und Herren die vier Jahreszeiten repräsentiert. Diesem Wagen folgten die zwölf Monate, dargestellt von phantastischzopfig kostümierten Bauernmädchen.

Die letzte Gruppe, der Karnevalszug selbst, war ein Werk des Malers Papperitz. Vier mit Blumen bekränzte Herolde eröffneten, in ihre Trompeten stoßend, diesen Zug. Dann tanzten Pierrots und Narren dem goldenen Wagen des Prinzen Karneval voran, der sich auf ein gleißendes Füllhorn mit Blumen stützte. Ihm zu Füßen saß Amor, der den Lenker des Wagens, die Narrheit, eine komische Figur mit aufgestülptem Eselskopf, an seinem Gängelband festhielt. Der Wagen selbst wurde von einer Anzahl Närrinnen, Teufelinnen und Pierretten an reichen Blumengirlanden gezogen. Als Gefolge und Hofstaat des Prinzen tollten ihm bunte Gruppen von Narren und Clowns nach. Hierauf folgte ein ganzer Wagen mit den Hauptpersonen der italienischen Commedia dell'arte: Pierrots, Colombinen, Dottores, Scaramouches, Harlekins und so weiter. Den Schluß des Ganzen bildeten vornehme Masken vergangener Zeiten.

Es mag fast als Tradition gelten, daß alle großen Künstlerfeste, insbesondere die des Künstlerhauses, zum größten Teil unter der Ägide der Allotrianer standen, was sich nahezu bis zum Ausbruch des Ersten Weltkrieges fortsetzte.

Kostümentwurf zum Festzug »Karl V.«,
Ludwig Herterich.

Kostümentwurf zum Festzug »Karl V.«,
Rudolf Kupplmayr.

Die Bismarck-Feier 1892

Ein Besucher war für die patriotisch gestimmte Bevölkerung Münchens und für die Allotrianer die Sensation dieser Tage.
Am 20. März 1890 war Fürst Bismarck durch Kaiser Wilhelm II. als Reichskanzler entlassen worden. Nach München kam er nach diesem Zeitpunkt zum ersten Male wieder im Jahre 1892. Er wohnte damals in der Villa Lenbachs in der Luisenstraße 33 und wurde, wie Fritz von Ostini 1893 in Velhagen & Klasings Monatsheften schrieb, *unbeschreiblich umjubelt von der Münchner Bevölkerung*, namentlich von der Künstlerschaft und den Studenten.
Es ist bekannt, daß Bismarck bei diesem Aufenthalt in München mit Lenbach auch in die Allotria kam, von deren Mitgliedern er stürmisch gefeiert wurde. Dabei wurde ihm wieder der mächtige zinnerne »Bismarck-Humpen« gereicht, aus dem er auch schon bei früheren Anlässen getrunken hatte. Leider ist dieser Humpen, ein besonderes Prunkstück des Allotria-Inventars, im letzten Krieg verloren gegangen.
Aus diesem gewaltigen Gefäß, das man nur mit beiden Händen heben konnte, trank Bismarck einen kräftigen Schluck auf die Zukunft der Allotria und dann machte der Humpen die Runde bei den Allotrianern. Als er zu dem Hofschauspieler Konrad Dreher kam, nahm dieser ihn in seine beiden Hände, erhob ihn, abwechselnd auf Bismarck und den Humpen blickend, und trank auf Bismarcks Wohl mit den doppelsinnigen Worten: »Wer ihn nicht fassen kann – der setzt ihn ab!« Alle verstanden natürlich diese Anspielung auf Bismarcks Entlassung durch Kaiser Wilhelm II. und jubelten Bismarck und Dreher begeistert zu.

Defregger — Havenith — Fischer — Dill — Schachinger — Edelmann — Keller
Laeverenz — Hengeler — Fierle
Rauber — Flad — Lenbach — Taussig — Perfall — Bismarck — Seitz — Bartels
Langhammer — Schweninger — Fürstin Bismarck — Kaulbach — Bergen
Frau von Lenbach — Kirchner

Bismarcks Empfang in der Allotria am 25. Juni 1892. Gemälde, Fritz Bergen.

In Arkadien 1898

Einen weiteren Markstein in der Geschichte der Künstlerfeste Münchens bildet die nahezu ganz von der Allotria ausgerichtete Karnevalsveranstaltung »In Arkadien« am 15. Februar 1898. Durch die Gnade S. Kgl. H. des Prinzregenten waren dafür beide Kgl. Hoftheater zur Verfügung gestellt worden. Schon das für das Fest geschaffene Bühnenbild muß geradezu märchenhaft gewesen sein. In der Beschreibung desselben folgen wir einem Berichterstatter der damaligen Zeit, dem es durch besondere Vergünstigung gestattet war, einer letzten Probe der Beleuchtungseffekte vor dem Fest beizuwohnen. Der Zuschauerraum war bei seinem Besuch gänzlich leer und nur von einem Kranz rötlich glühender Lampen spärlich erhellt. Die Sitze des Parketts waren bereits verschwunden und der Orchestergraben überbrückt, dadurch war ein glatter Tanzboden entstanden. Die Bühne lag in tiefem Dunkel.

Auf den Stufen, die im Vordergrund zur Bühne führten, standen zwei Männer, der eine leicht kenntlich am Schlapphut und an den großen Augengläsern: Meister Lenbach – der andere der Obermaschinenmeister Lautenschläger, der bedeutende Bühnentechniker und kongeniale Interpret von Richard Wagners szenischen Kunstideen. Wie ein Kommandoruf klang seine starke Stimme durch den nächtlichen Raum. Graue Dämmerung begann und nach und nach wurde es heller. Weiße Säulenhallen, Tempelgiebel und Marmorstufen schimmerten aus dem Dunkel. »Es werde Licht!« Rötliche Strahlen schossen über den Himmel, ein Tempelgiebel tauchte purpurn aus der Nacht und rosiges Licht floß an den Säulen herunter. Heller wurde es und heller, blühende Gärten und Zypressenhaine, herbstlich gefärbtes Weinlaub und dunkler Efeu an weißen Mauern und mancherlei Bildwerk aus Bronze und Marmor in Lorbeer- und Oleandergesträuch erschienen, im Hintergrund aber stieg mächtig der Burgberg empor mit Marmortempeln auf gewaltigem Quaderunterbau. Jetzt erkannte man das Bild: die heilige Burg von Athen, die Akropolis mit dem alten Pallasheiligtum, die Propyläen und, hoch die Gebäude überragend, das riesenhafte Standbild der Göttin aus vergoldeter Bronze, mit gehobener Ägis und drohend geschwungener Lanze: Athena Promachos.

Es war noch geraume Zeit bis zum Beginn des Festes, als der weite Theatersaal, der nun im Glanz von Hunderten elektrischer Lichter und im Schmuck

»Fama überfliegt die Stadt«. Kneipzeitung, Adolf Hengeler.

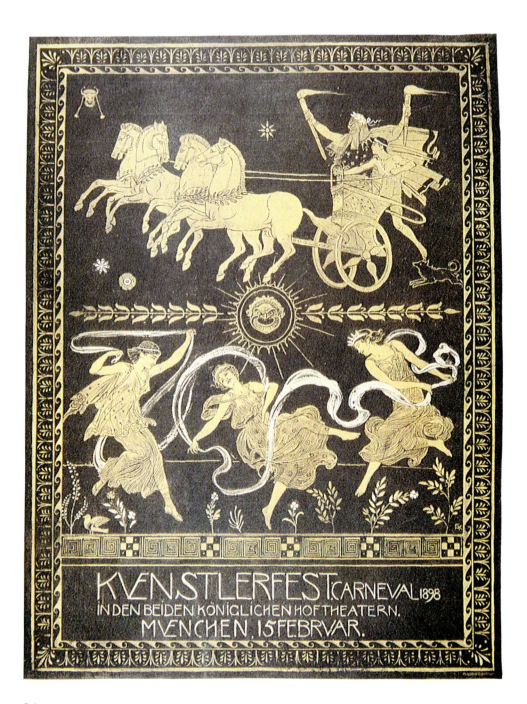

Einladung zum Fest »In Arkadien«. Fritz August von Kaulbach.

von Lorbeergrün, Kranzgewinden und köstlichen Teppichen strahlte und prangte, von einer dichtgedrängten Menschenmenge bereits völlig gefüllt war. Nun schmetterte eine Fanfare durch den Saal: der Hof erschien und der greise Regent, umgeben von seinen Söhnen und Enkeln, nahm in der Hofloge Platz. Während man sich auf den Rängen von den Sitzen erhob, schallte aus dem Hintergrund ein Hochruf, »Evoe!« klang es dagegen von der anderen Seite und »Evoe, Evoe, Evoe!« tönte es in tausendstimmigem Echo wider. Inzwischen waren die Leiter des Festes, alle in der königlichen Tracht der Ephoren, auf der Estrade erschienen und nahmen auf den Stufen, die vom ersten Rang in den Saal hinabführten, Aufstellung; es war die Elite der Münchner Künstlerschaft, die sich hier in ihren Purpurmänteln und mit goldenen Stäben in der Hand den Festgästen zeigten: Lenbach an der Spitze, in der freien Hand ganz unbefangen ein mächtiges Opernglas haltend, Fritz August von Kaulbach, der Erzgießer Ferdinand von Miller, Franz Stuck, der Architekt Friedrich von Thiersch, Oberländer und Franz von Defregger.

Und nun begann von der Galerie herab, wo das Orchester postiert war, die Ouvertüre zum Festspiel, das nach einer Idee von Emanuel Seidl, von Benno Becker und anderen Allotrianern gemeinschaftlich bearbeitet wurde und zu dem Max Schillings die Musik geliefert hatte. Der Vorhang erhob sich und Dionysos erschien, den nahenden Tag zu segnen und ihn der Freude zu weihen. Die feindlichen Göttinnen der Nacht entflogen vor seinem Blick und stürzten in den Tartarus hinab. Der Gott nahm Besitz von seinem Heiligtum und dem ihm geweihten Ort. Mit dem Nahen des Tages wurde es rege in den Büschen des Hains, bocksfüßige Faune und ziegenohrige Satyrn lugten aus den Zweigen, denen auch ein vorwitziges Nymphchen entsprang. Allen steckte schon die Begierde nach festlichem Genuß in den Gliedern, leise ertönte die Syrinx, und das Tympanon klirrte heimlich mit, während sich im Grau der Dämmerung das lustige Gesindel im Tanz vergnügte. Da nahten die Charitinnen und ein Tanzlied hob an, das erst leise und dann immer stärker und freudiger seine heitere Melodie erklingen ließ. Jetzt aber ging die Sonne auf und in ihrem Licht entfaltete sich ein buntes Treiben auf dem Platz vor dem Tempel, aus dem dann Dionysos herrlich und schön hervortrat, gleich dem jungen Tag selbst. Er schwang seinen Thyrsus, schüttelte die Locken, und ein unendliches Jauchzen ging durch die Menge. Weiße Frauenarme winkten, die Krieger

Die Szene auf der Bühne.

schwangen ihre Speere, Faune und Satyrn wußten sich vor Lust nicht mehr zu fassen und tollten wie junge Böcklein über Stock und Stein. Und nun begab sich der Gott auf einen mit Tigerfellen geschmückten Thron, den die kräftigen Arme bärtiger Priester auf die Schultern hoben, worauf sich ein Strom der Freude durch den Saal ergoß. Die Diener des freudebringenden, sorgenlösenden Gottes, die lärmende Schar seiner Bacchanten und Mänaden, eilte ihm voraus, während er selbst von brausenden Evoe-Rufen begrüßt wurde und ein Blumenmeer auf ihn niederregnete; er wiederum dankte mit reichlichen Blumenspenden, die er mit vollen Händen ausstreute.

In seinem unabsehbaren Gefolge bewegte sich Gruppe um Gruppe, jede von neuem begrüßt und umjubelt, eine glänzender als die andere, aber alle gleichmäßig beseelt von bacchantischer Lust. Priesterinnen und Philosophen, Orpheus in der Gesellschaft anmutiger Sängerinnen und leichtgeschürzter Tänzerinnen, eine Schar modischer Thraker und hochgewachsene Krieger in klirrendem Erz, selbst die Ägypter, Assyrer und Phoeniker folgten Dionysos und waren guter Dinge, denn warum hätten sie sonst die riesige Last des feuchtfröhlichen schwarzen Walfisches von Skalon bis hierher mitgeschleppt und die nicht minder schwere Bürde des goldenen Kalbes durch die Wüste transportiert? Nach allen diesen Scharen aus dem Osten kamen die Kelten und blonden Germanen von den Ufern des Rheins, wie auch einige ungebärdige Schwarze von Libyens entlegener Küste es sich nicht hatten nehmen lassen, diesem farbenfreudigen Feste beizuwohnen.

So also wand sich dieser prunkvolle Zug durch die Menge, um wieder zu seinem Ausgangspunkt, der Terrasse vor dem Tempel, zurückzukehren, wobei der Taumel seinen Höhepunkt erreichte und alles sich dem frohen Tanze hingab, wozu die unsichtbare Kapelle unermüdlich aufspielte.

Von den Freitreppen und den Rängen des Saales aus mußte das freilich ein zauberhaftes Bild gewesen sein, wenn wilde Mänaden mit aufgelösten Haaren in den Armen erzgeschienter Krieger hingen oder grazile Mädchen aus Assur und Ninive Hand in Hand mit bekränzten Epheben fröhlich dahintanzten. Ja, Kostüme gab es da in unendlicher Vielfalt, teils in genauer Nachbildung der Originale, zu denen drei Maler nach alten Vorlagen die Figurinen entworfen hatten, teils in phantasievollen Stilisierungen, die sich so manches Mal bis zur

Franz von Stuck.   *Lenbach mit seinen Damen.*

recht gelungenen Karikatur steigerten. Wie genau man übrigens der historischen Treue der Kostüme gerecht zu werden suchte, mag uns ein kleiner Ausschnitt aus Ludwig Curtius' Lebenserinnerungen »Alte und Neue Welt«, worin auch so manches Schöne über dieses Fest steht, beweisen. *Furtwängler, der zum Festausschuß gehörte*, schreibt hier Curtius, der ein Schüler des berühmten Archäologen in München war, *forderte uns auf, für den Festzug, mit dem der Ball eröffnet werden sollte, eine Gruppe zu bilden, deren Wahl er uns überließ. Wir entschieden uns, nach dem berühmten Bilde einer griechischen Vase des rotfigurigen Stils »Orpheus und die Thraker« (von Polygnot) darzustellen. Hermann Thiersch, der damals schon von seinem ersten Aufenthalt in Ägypten zurückgekommen war, nahm mit rührender Sorgfalt die Leitung des Unternehmens in die Hand. Abends wurden im Seminar alle Bücher von den Tischen geräumt und die Bibliothek verwandelte sich in eine Schneiderwerkstatt, in der wir selber zuschnitten, nähten und malten. – Die Thraker tragen in jenem Vasenbild mit Streifen geometrischen Musters verzierte Mäntel eines besonderen Schnittes. Diese eben suchten wir sorgsam nachzubilden, und genau nach jenem Vorbild trug jeder von uns eine enge, den Kopf umschließende helmartige Mütze, von welcher der buschige Schwanz in den Nacken baumelte.*

Orpheus, den der spätere Vogt der Wartburg in Eisenach, von der Gablentz,

Nymphen und Satyrn.

Gruppenbild.

darstellte, erhielt eine nach griechischem Vorbild aus einer Schildkrötenschale und einem Hirschgehörn gebaute Laier, in der eine Spieldose verborgen war.

Ingendwie »echt« war also alles und ich kann mir nicht versagen, wenigstens noch einige dieser originellen Masken zu erwähnen, deren harmonischer Zusammenklang in diesem Fest einst ein so weites Echo fand.

Besonders reizvoll müssen die ägyptischen Kostüme gewirkt haben. Da trug eine Pharaonentochter auf dem Haupte einen schillernden Ibis; bis zu den Füßen herab war ihre hohe Gestalt in blaßblaue und blaßviolette Stoffe gehüllt, ihre Brust zierten goldene, durchbrochen gearbeitete, mit Türkisen besetzte Schilder, und Arme, Hals und Nacken waren mit demselben fabelhaft schönen Schmuck besetzt. Ebenso hübsch war eine weißgekleidete Königstochter aus dem Nilland, mit einem goldenen Ibis als Kopfschmuck, samt ihrem Pharao, der zu Seiten seiner goldenen, hohen Mütze zwei weiße, riesige Straußenfedern aufgesteckt hatte; ein anderer Ägypter trug gar einen echten, tiefroten Ibis mit herabhängenden Flügeln als Helmschmuck. Eine Sklavin, die diesen eben beschriebenen Masken folgte, schleppte einen Korb aus Weidengeflecht mit sich und darin waren Orangen, Blumen und ein sandartiges Gebäck – Brezeln aus der zweihundertsten Dynastie, wie sie sagte –, außerdem ein kleines Trinkgefäß und ein Krug aus irisierendem Glas – beides alte Stücke aus dem Besitz eines privaten Sammlers, wie man überhaupt dergleichen Preziosen sehr viele auf diesem Feste bewundern konnte.

Geradezu zauberhaft wirkten zwischen all dem Prunk die zahlreichen Masken der Faune und Satyrn, lauter richtige, köstliche Waldgötter, übermütige Gesellen mit Bocksfüßen, Pelzgewändern und wedelnden Ziegenschwänzchen – aber welche Variationen! Vom schwarzen Lammfell bis zur langzotteligen weißen oder grauen Ziegendecke waren alle Sorten vertreten und die gehörnten Häupter waren mit Trauben, mit Wein- oder Efeulaub, ja mit Äpfeln, Paprikaschoten und Bockshörndlkränzen geziert. Nach Vorbildern für dieses lockere Gesindel brauchte man ja nicht weit zu suchen: auf den Bildern Böcklins und Stucks, die damals bereits Weltruf genossen, wimmelte es von ihnen. Besonders stachen auch die Tänzerinnen der Phöniker hervor mit ihren dunklen, durchsichtigen, bis zu zwölf Meter weiten Seidenmänteln über gefältelten Unterkleidern – dunkelblau mit Silberlilien über Orangerot, dann wieder Schwarz mit Gold und kleinen Spiegelchen über goldgelber Seide, oder Schwarz mit roten und silbernen Lotosblumen über einem rosafarbenen Seidenhemd; dazu trugen sie offenes Haar und über der Stirne eine einzelne herabhängende Lotosblume – diese jungen Damen, die so das riesige goldene Kalb umtanzten, müssen wirklich feenhaft ausgesehen haben! Von auserlesener Pracht waren auch die phönizischen Krieger selbst, die Bogenschützen mit ihren drei Meter langen Bogen und den Lederriemen um die Arme. Einer gewissen Würde aber konnten die rotbemäntelten Priester aus dem Lande des Tigris nicht entraten, die um ihre Glatzen rote Bänder geschlungen und sich vor ihre Gesichter schwarze assyrische Lockenbärte gebunden hatten. Ja, wie lange hingen alle diese Requisiten nicht an Kleiderständern in einem Garderoberaum des Hoftheaters, bis der damalige Intendant Possart in stundenlangen Proben aus den ungeschulten Trägern derselben richtige Schauspieler für das

Ägypter.

Festspiel herausgebildet hatte – waren doch nur die Sängerinnen und Tänzerinnen Damen des Hoftheaters selbst, alle anderen aber, die bei dem Spiel mitwirkten, stammten aus der Künstlerschaft und der besten Münchner Gesellschaft. Unter all den Festgästen – es waren nicht weniger als zweitausend – war auch ein griechisches Pensionat erschienen, zwölf junge Mädchen in türkisfarbenem Gewand, den weißen Reisehut auf dem Rücken, und geschart um einen äußerst großen Direktor, der einen kolossalen Schattenspender auf dem Haupte trug.

Die prächtige Dekoration der Räume war das Werk Emanuel Seidls; seinem erlesenen Geschmack und seiner nie versiegenden Phantasie verdankte man auch die gelungene Ausstattung der Nebenräume. So war die Ausschmückung der engen, tunnelartigen Verbindungen des Hoftheaters mit dem Residenztheater ein Meisterwerk. Man ging durch eine aus goldenem Blätterwerk gebildete Laube, ohne sich dabei der Enge der Räumlichkeiten bewußt zu werden. Das wundervolle, von Cuvilliés geschaffene Rokokotheater aber diente nur Restaurationszwecken und war bald bis in die Logen der obersten Galerie mit fröhlich tafelnden Gästen besetzt. Die übermütigste Stimmung herrschte auch hier. Der eindruckvollste Augenblick war jedoch der, als plötzlich Lenbach erschien und eine spontane Huldigung den Meister begrüßte, wie sie stürmischer keiner Fürstlichkeit dargebracht werden konnte.

Faun. Karikatur aus der Kneipzeitung, Adolf Hengeler.

Natürlich fehlte unter den Gästen auch die berühmte Tragödin Klara Ziegler nicht – sie trug ganz stilecht ein gelbes Unterkleid und einen weißen Mantel –, wie überhaupt bei diesem grandiosen Feste alles zugegen war, was Rang und Namen hatte: Künstler und Gelehrte, Diplomaten und hohe Beamte. So drang denn der Ruhm dieses so einzigartig gelungenen Abends weit über Münchens Mauern hinaus, so daß wir bezeichnenderweise schöne Berichte darüber auch aus Leipzig und Prag besitzen. Es war ein Triumph der Münchner Künstlerschaft und ihrer Allotria, da sowohl die Grundidee als auch das gesamte szenische Arrangement von ihrem damaligen Präsidenten Franz von Lenbach stammte. So hatte sich der geniale Maler hier einmal als Architekt und Festordner größten Stils gezeigt. Nach eigenhändigen Entwürfen des Meisters hatte dann Professor Bühlmann die perspektivische Konstruktion der Architektur ausgeführt.

In das selbe Jahr 1898 fiel das 25. Stiftungsfest der Allotria, wozu eine von Benno Becker verfaßte und von Adolf Hengeler prachtvoll illustrierte Kneipzeitung erschien, die sich in satirischer Weise noch einmal rückblickend mit dem so sehr gelungen Künstlerfest »In Arkadien« befaßte. In Wort und Bild ist diese stattliche Veröffentlichung derart originell, daß ich dieses Feuerwerk an Witz und Laune samt seinen Bildern wenigstens im Auszug glaube bringen zu müssen. Bekanntlich war Lenbach ein eifriger Jünger des Tarockspiels, und an einem dieser berühmt gewordenen Abende rückte er in seiner bekannten derben Art mit der Sprache heraus, ein Fest ausrichten zu wollen, wie München es lange nicht mehr erlebt habe.

Und als er sein Herzsolo hatt' gewonnen
und war voll Freude, daß er's nicht verlor,
da tauchte aus des Herzens tiefem
                                    Bronnen
ihm plötzlich die Begeisterung hervor;
sein Auge glühte auf in wildem Glanz,
und also sprach zum Volke Meister
                                    Franz:
»Pfui Teufel, diese ew'ge Kleckserei!
Pfui Teufel, diese Bilderfexerei!
Pfui Teufel, dieses blöde Leinwand-
                                    tünchen!
Ich pfeife auf die ganze Kunststadt
                                    München!
Und kurz und gut, daß Ihr es einmal
                                    wißt –
ich pfeif auf Alles, was nur denkbar ist!
Wozu denn Bilder malen solche
                                    Haufen?

Der dümmste Steuerzahler will sie nicht
                                    mehr kaufen!
Man kann doch nicht fortwährend Geld
                                    verdienen!
Fort einmal mit den sauertöpf'schen
                                    Mienen!
Wir wollen nicht mehr Leinewand
                                    beschmieren,
wir wollen uns mal köstlich amüsieren!
Ein Fest, ein Künstlerfest muß wieder
                                    sein!
– Ich lad' Euch Alle zu – der Arbeit ein!
Wir müssen etwas tun für unsern Ruhm!
Arkadien – Seidl – Schönheit –
                                    Griechenthum!
Cypressen – Tempel – Marmor –
                                    Phidias-Säulen!
Ich selbst zieh an die schönsten Fraun
                                    und Fräulein!

Geschmack – Genie – Ernst Possart –
                                    Musenkuß!
Geld – Proebst – Finanzen – Vorschuß –
                                    Überschuß!
Und wer an unserem Feste noch hegt
                                    Zweifel,
dem rufe ich in's Angesicht: Pfui
                                    Teufel! –«
Pfui Teufel! brummt er nochmal in den
                                    Bart;
doch plötzlich wird sein Auge mild und
                                    zart.
Er nimmt die Doppelflöte in die Hand,
wirft sich in das antike Festgewand,
und hebet an so wundersüß zu flöten,
daß der Franz Fischer neidisch muß
                                    erröten.
So kunstvoll strebt sein Lied zur
                                    Himmelshöh',

IM MODE - SALON

daß Mozart selbst dagegen ein Kitschier.
Und auf das Zauberlocken der Schalmei
da kommen Eulen, alt und jung, herbei,
obzwar sie ihm noch anfangs sehr mißtrauen
und recht verwundert auf die Flöte schauen.
Doch sammeln sie sich schließlich allzumal,
die von Allotria und vom Spital.
Ja selbst die bitterböse Secession
zeigt sich am fernen Horizonte schon.

Und er bläst weiter, ach! so himmlisch schön,
kein Eulenherz kann ihm mehr widerstehn.
Sie lauschen tiefgerührt nun alle da,
die vom Spital und von Allotria,
bis ganz begeistert sind vom süßen Schall

die von Allotria und vom Spital.
Sie jubeln auf und schreien laut hurrah!
die vom Spital und von Allotria.
»Ein Künstlerfest muß sein auf jeden Fall!«
ruft die Allotria und das Spital
Zu Ende ist nun endlich Müh und Plag,
und endlich! endlich naht der große Tag.
Das Hoftheater öffnet kaum die Pforten,
da sieht man schon selbst aus den fernsten Orten
die Droschkengäule im Galoppe kriechen,
um hinzuschleppen Scharen edler Griechen.
Von Schwabing, Pasing, Giesing und von Wien,
von Schleißheim, Dachau, Plattling, von Berlin,
von Nieder-Pöcking, Nord-Amerika,
von Menzing und von Loam sind welche da;
das Dampfroß bringt mit Schnaufen und mit Brausen
Hellenen gar herbei von Schrobenhausen.
Wer zählt die Völker und wer kennt die Namen?
Und die zumeist geschimpft – die grade kamen.
Da sind die hoch-, die wohl-, die nur geboren,
die mit den kleinen und den großen Ohren.
Doch als Frau Fama huschen will durchs Thor,
hält der Portier den großen Stab ihr vor;
höchst zornig schleicht sie um das Haus herum,

und wird vor lauter Ärger plötzlich stumm.
Sie hatte ganz vergebens Gift gemischt,
und jedermann ein Schlückchen aufgetischt.
Das Fest fand statt – und was noch viel fataler,
's war ein Triumph für die verfluchten Maler. –

Auch Göttin Pallas wollte es bekunden,
daß sie das Ding so übel nicht gefunden.
Denn als vom Volk geleeret sich der Saal,
stieg sie hernieder von dem Piedestal.
Sie winkte denen, die ihr würdig schienen,
und hielt nun einen Cerkle unter ihnen.
Da standen sie, die Großen und die Kleinen,
die mit den graden und den krummen Beinen;
die hochberühmten und die armen Schächer,
und allen ging vor Angst der Pulsschlag schwächer.
Doch Pallas ist sehr gnädig und verbindlich
und lobt sie allesamt höchst eigenmündlich.
Den Einen streichelt sie mit schönen Worten,

dem Zweiten reicht sie einen blanken
Orden;
dann macht sie ein Bonmot zum Dritten
hin,
und kitzelt Emil Seidl unterm Kinn.
Der Nächste kriegt ein Gläschen Nektar-
wein,
den andern ladet sie zu Tische ein.
Den Siebten packt sie freundschaftlich
beim Kittel
und übergibt ihm den Professortitel –
natürlich ganz gebührenfrei. –
Zum Schluß
bekommt der Lenbach einen Pallas-Kuß.
Dann lächelt sie noch einmal Allen süß,
zieht sich zurück auf die Akropolis
und wirft sich dort ins Götternegligée. –
Es strahlt vor Glück das ganze Comité.
Höchst kreuzfidel geht jedermann nach
Haus
und schläft sein kleines Räuschchen
traumlos aus.

DIE BELOBUNG DER BRAVEN.

Don-Juan-Fest 1902

Mit diesem so berühmt gewordenen Fest vom 6. Februar 1902 bin ich mit meiner Erzählung bereits im Künstlerhaus angelangt. Die Allotria hatte sich mit diesem Bau einen würdigen Rahmen für ihre Aktivitäten geschaffen. Auf das Haus und seine Geschichte werde ich später noch ausführlich eingehen.
Das Fest war als Allegorie auf das Künstlerhaus selbst gedacht, wobei Emanuel von Seidl der geistige Schöpfer und Lenbach die treibende Kraft waren. Für den architektonischen Rahmen sorgte Gabriel von Seidl: eine breite Freitreppe führte zu einer auf der Galerie von goldenen Säulen gekrönten Prunkhalle empor. Als Ratgeber für die Kostümierung fungierten die Professoren Papperitz, Simm, Buschbeck und Kirchner. Daß bei den engen Beziehungen der Allotria zu den führenden Kreisen des Hoftheaters dessen Kräfte ebenfalls stark engagiert wurden, ist selbstverständlich: zu dem von Otto von Falckenberg verfaßten Festspiel hatte der treffliche Hofkapellmeister Roehr sogar selbst die Musik geschrieben. Um den Verlauf des Festes wenigstens anzudeuten, folgen wir der kurzen Darstellung Hermann Roths in einer 1938 erschienenen Broschüre über »Das Münchner Künstlerhaus«.
Ein Kostümkomitee war lange vorher an der Arbeit, den Gästen durch Vorlage von Skizzen und wundervollen Stoffen den Besuch des Festes zu erleichtern, zu dem Damen und Herren in Kostüm oder Maske vom Anfang des 17. Jahrhunderts mit Gesichtslarve erscheinen sollten. Am Festabend erwartete Don

Franz von Lenbach.

Juans Dienerschaft am Portal des Hauses die Ankommenden. Fackeln tragende Pagen geleiteten sie über die Treppe zum Saaleingang, wo Don Juans Hofstaat die Geladenen empfing. Im Festspiel hieß der Übermensch im Reiche der Liebe, der Schönheit und des lebensfrohen Leichtsinns die Gäste willkommen. Im weißen, betreßten Atlasgewand mit reich besticktem, kostbarem Mantel stieg Don Juan leichten Schrittes die Treppe herab und begrüßte, das Federbarett abnehmend, die Erschienenen:
Ich fühle stolz und groß,
daß meines Namens oft gerühmter
Klang
der alten Zauberkraft noch nicht enträt,
verblaßte Sehnsucht, halberloschene
Lust
zu jubelheller Flamme zu entflammen!
Der fürstliche Gastgeber ließ aus vollen Körben blühende Rosen unter die Versammelten streuen. Leporello, der lustige Narr, immer in Bewegung, immer in sprudelnder Laune, bat seinen Herrn, für diese Nacht das Regiment führen zu dürfen. Don Juan willigte ein. Da trat in die Gesellschaft nicht der steinerne Gast der Oper, sondern ein schwarzer Ritter, der zur bunten Fröhlichkeit den Ernst forderte:
denn wo ich bin, rauscht höher und
mächtiger
der Flügelschlag des leicht beschwingten Lebens.
Don Juan legte die Hände des schwarzen Ritters in die Leporellos mit den Schlußworten:

*Teilt Euch als Herrscher in dies bunte Reich
und mögt Ihr uns, nach der wir alle ringen,
vereint in dieser Nacht die Schönheit bringen!*

Ein großer allegorischer Zug, die Huldigung der Schönheit, bewegte sich nun unter festlicher Musik und dem Jubel der Gäste über die Bühne in den Zuschauerraum. Zu dem prächtigen Fest war Prinzregent Luitpold, der einen gelbseidenen Mantel trug, erschienen; der Vorstand der Allotria, Professor Stadler, geleitete den hohen Besucher in den Saal, wo bereits die Prinzen Ludwig, Rupprecht, Leopold, Arnulf, Ludwig-Ferdinand, Alfons, Herzog Christoph und Erbprinz Friedrich Adolf von Mecklenburg anwesend waren. Eine Reihe namhafter Persönlichkeiten und viele Künstler von Rang, von denen Lenbach, Stuck, Petersen und Ferdinand von Miller die Tracht spanischer Granden trugen, waren zugegen. Das allgemeine Maskenzeichen, ein schwarzer Mantel mit Mühlradkrause, wurde von der Zahl schöner Kostüme weit überwogen. Die farbenreiche Polonaise entzückte alle Zuschauer. Nach dem Souper brachte eine spanische Schauspielergesellschaft ein Stück von Cervantes aus dem 17. Jahrhundert zur Aufführung.

Als Sekretär des Don Juan ließ Konrad Dreher sich vernehmen, der Scherzverse auf Lenbach und das Künstlerhaus sang und zum Schluß meinte, eigentlich müßten die Reime auf der »Defi-Zither« begleitet werden, gab es doch damals schon Sorgen um die Aufbringung der nötigen Gelder. Der Eintritt zu dem Fest kostete für Gäste 25 Mark, damals ein außergewöhnlicher Betrag, das Maskenzeichen ebensoviel, dafür erlebten die Teilnehmer einen einmaligen, glanzvollen Abend.

Szenenbild aus dem Don-Juan-Fest.

»*Der Andrang zum Künstlerhaus*«. Karikatur, Henry Albrecht.

Die mißglückte Busch-Feier 1902

Wenn man die Texte zu all den bisher erwähnten und noch nachfolgenden Festlichkeiten überliest, dann möchte man fast auf den Gedanken kommen, es habe sich bei den Allotrianern von früher um unfehlbare Tausendsassas gehandelt, denen einfach nichts schiefgehen konnte. Daß dem aber nicht so war, beweist die Feier zu Wilhelm Buschs 70. Geburtstag am 15. April 1902.

Um diese recht würdig zu gestalten, hatte man sich nämlich entschlossen, zur Bestreitung des offiziellen Programms einmal fremde Künstler – Instrumentalisten, Sänger und Schauspieler – hinzuzuziehen, und das Comité glaubte, damit den Stein der Weisen gefunden zu haben. Die sicherlich hohe Qualität des Dargebotenen mußte aber teuer erkauft werden, denn man tauschte einen ganzen Sack voller Langeweile ein, so daß es vielleicht noch als Glück zu bezeichnen war, daß der greise Jubilar, dem zu Ehren doch dies alles geschah, bei der so groß aufgezogenen und so gut gemeinten Geburtstagsfeier – gar nicht erschien. Das mag freilich für die Gesellschaft ein schwerer Schlag gewesen sein – bei dem Charakter des menschenscheuen Einsiedlers von Mechtshausen aber, dem öffentliche Huldigungen ein Greuel waren, hätte man unter solchen Umständen wohl von vornherein mit seinem Fernbleiben rechnen müssen.

So war denn diese unselige Busch-Feier gleich zweimal zum Tode verurteilt – und doch blieb uns darüber ein prächtiges Dokument erhalten: eine von Henry Albrecht illustrierte Kneipzeitung, die wenige Zeit darauf erschien und den so sehr verunglückten Abend in recht gelungener Weise – manchmal möchte man glauben, Zeichnungen von Busch selbst vor sich zu haben – karikierte. Und hier gerade zeigt sich die wahre Herzensgröße dieser alten Allotrianer: über sich selbst lachen zu können, wenn sie einmal eine gehörige Dummheit gemacht hatten. Schon das Comité ist recht bezeichnend persifliert:

Da sitzen, eng vereint und bieder
an einem Sonnabend Abend wieder
nach altem Brauch im Freundschafts-
kreise

die Männer und die Mummelgreise.
Denn daß zu diesem hohen Tage
etwas geschieht, ist keine Frage. –
Und etwas später rückte man näher,
dann redet unser Konrad Dreher:
»Ihr Leut, daß ich bloß man sage!
Denn bald ist nun der Tag der Tage,
da er geboren, der – ihr wißt's« –
»Ja, ja, so ist's! Ja, ja, so ist's!«

Riesengroß war am Tag der Feier der Andrang zum hohen Tempel der Kunst:

Per Equipagen, Droschken, Trambahn,
Pedes
hat sich zum Künstlerhaus begeben
jedes
am 15. April des Abends gegen Acht,
mit dem Gedanken, heute wird gelacht.

Und darauf wird mit dem Feste selbst schonungslos abgerechnet: mit den pompösen Reden, mit dem immer wieder auf der Bildfläche erscheinenden Quartett, mit dem nervtötenden Singsang befrackter Tenöre, mit einem recht unpassenden Fastnachtsschwank von Hans Sachs und selbst mit ihrem geliebten Fischer Franzl:

Der nun ging aufs Podium,
verneigte sich gegen das Publikum,
und nachdem er sich geschnäuzt
und zum Humor sich angereizt,
starb sofort in bittrer Not
Isolde ihren Liebestod.

Nach einer etwas froheren Kegelbahnszene ging's dann wieder weiter mit Quartett und Liedern von Rosen und Kosen – und all das

Ganz im Sinne unseres Busch,
darum Bravo, Bravo, Tusch!

Und zum Schluß weiß der Dichter nach einem scheelen Seitenblick auf die »Verantwortlichen« aus dieser mißglückten Geburtstagsfeier eine recht beherzigenswerte Mahnung zu ziehen:

Wer dachte nicht an's Comité,
und rief im Innern: »Ach herje!«
Wo warst denn Du, Allotria?
Du ließ't Dich wohl vertreten da,
von großen Mimen ersten Rang's
und Künstlern hohen Kunstgesangs.
Das war nicht schön – Allotria!
Du hättest doch – wie stets zuvor
selbst zeigen müssen – den Humor.
Drum merke Dir – und nimm's nicht übel
schöpf künftig selbst aus Deinem
Kübel! –

Ansprache des Ehrenmitglieds Eugen Ritter von Stieler. Karikatur.

Die Hebbaumfeier 1908

Einschneidende Geburtstage verdienter Künstler wurden in der Allotria oft besonders festlich begangen. Keine dieser Ehrungen verlief wohl reizvoller als der Allotria-Festabend zur Feier des 60. Geburtstages Gabriel von Seidls. Eine als Manuskript gedruckte Erinnerungsgabe bietet uns die Möglichkeit, diesen einmaligen Abend wieder vor uns lebendig werden zu lassen.

Rote Zettel, die zur »Hebbaumfeier des Neubaus Augustinerstock« einluden, zeigten den Mitgliedern an, daß das Fest auf den 12. Dezember 1908 angesetzt war und unter Bauherren und Bauarbeitern spielen sollte. Fleißige Hände verwandelten unter der Leitung Emanuel Seidls das altgewohnte Heim der Gesellschaft in einen richtigen Neubau, an dem nichts fehlte, vom weißblau gezierten Tannenbaum auf dem frischgezimmerten Dachstuhl bis hinab zu den »Vorschriften«, den Plakaten und den mehr oder weniger harmlosen Inschriften auf den Zaunplanken. Die Tische hatte Gedon geordnet und geschmückt: eine von ihm entworfene Geburtstagstorte bezeichnete den Ehrenplatz des gefeierten Freundes. Schon kamen die Festteilnehmer an, keiner im Alltagsgewand, sondern jeder möglichst echt als Maurer, Handlanger, Stukkateur, Anstreicher und so fort herausstaffiert, wie es der Festplan erforderte. Zwischen diesen Gruppen hindurch schob sich der gewichtige, von Bildhauer Professor Jakob Bradl dargestellte Palier, das Haar in der Mitte gescheitelt und in die Stirn hereingekämmt, dazu mit mächtigem Schnauzbart und Vatermörder, bald einem gefährlich aussehenden Lucki (Universitätsprofessor Gustav Klein) gegenüber seine Würde geltend machend, bald mit einem gesetzteren Arbeiter in einen Wortwechsel geratend.

Während sich so das Treiben auf dem Bauplatz »zünftig« entwickelte, holte eine Deputation den Jubilar in einem alten vierspännigen bayerischen Postwagen mit Spitzenreiter ab – Hermann Stockmann verewigte mit viel Humor diese reizende Szene in einer noch im Original vorhandenen Tuschzeichnung. Trompeter in der bayerischen Artillerieuniform der Kriegsjahre 1870/71, einer davon war der Maler Hugo Havenith, begrüßten die Ankunft des Jubilars mit Fanfaren, die aber vom brausenden Jubel der Versammelten noch übertönt wurde.

Thiersch	S. Kgl. H. Prinz Rupprecht	Ferd. Miller	Defregger	Fritz Miller
Stadelmann	Seidl	Frl. Thiersch	Hildebrand	Seitz	Graf Moy	Edelmann
Hengeler		Bradl				

Die »Hebbaumfeier«.

Seitz, Lenbach, Seidl. Karikatur.

Nun begann die Maurermahlzeit in originalen Maurerschüsseln bei echtem Maurer-Fest-Menü, von dem Gourmet der Gesellschaft, Generalmajor D. Wilhelm Krane, zusammengestellt: Kalbsgulasch mit Leberknödel, Lendenbraten mit Kartoffelsalat und Bandnudeln, und als Magendeckel Butter und Käse. Das Essen führte umerklich in von Hayeks Festspiel über, worin sich neben dem Palier der Wortführer der Arbeiter (Maler Wilhelm Lehmann), das Maurerquartett (Havenith, Bradl, Lehmann und der Maler Scheuermann), der Steinträger (Futterer) mit seiner Mundharmonika und nicht zuletzt das Duo der Mörtelweiber (Konsul Heinrich Röckl und Maler Feldbauer) auszeichneten. Während das Maurerquartett »Still ruht der Bau ...« zu singen begann, versammelten sich die Arbeiter am Bau und das Richtfest nahm seinen Anfang.

Unmittelbar nach dem Festspiel sprach der Palier seinen kernigen, von uralten Maurersprüchen gespickten »Hebbaumspruch«, worauf dann die Bauherren zu Wort kamen: der Landjunker (Bildhauer Fritz Behn), der Franziskaner (von Seitz) und der hochadelige Bauherr (von Thiersch); von Hayek erinnerte als »Bürgermeister von Tölz« an des Sechzigers zweite Heimat im Isarwinkel und sein dortiges Wirken und Walten. Langsam lenkte sein Leibbursch Edelmann im weißen Studentenwams mit Band und Cerevis den Blick zurück auf die Jugendjahre und nun erhob sich, gleichfalls in der alten Uniform mit dem Raupenhelm, Oberst Stadelmann, der Seidls Batteriechef in den Dezemberschlachten von 1870 gewesen war, und weckte mit seinen Versen die Erinnerung an jene große Zeit. Im Sammet-Flausch, mit Schlapphut und langen Haaren, ein »Kunstjünger« von Anno dazumal, folgte der Hofschauspieler Konrad Dreher mit seinem Spruch. Dann überbrachte der Sprecher für die Allotria, Professor Toni Stadler, den Glückwunsch der Gesellschaft und als ihr Angebinde den von Hengeler und Behn entworfenen Zinnpokal. Anschließend verlas einer der den Redner begleitenden Notari die von Stockmann geschriebene und verzierte Widmungsurkunde, in der die Allotria ihren »Fürstand« zum Ehrenmitglied ernannte. Nach den Dankesworten des Gefeierten aber teilte sich der Vorhang und im lichten Buchenhag erblickte man als eine liebliche Mädchengestalt die Isar (Fräulein Thiersch); sie sprach, gelegentlich von zarten Geigenklängen begleitet, die zu Herzen gehende Anrede, die ihr Benno Becker in den Mund gelegt hatte, und die zum Schlusse dem Jubilar einen Kuß von jungen Lippen brachte:

– Sieh! Diese Blumen, die auf meinen
                                  Auen
erblühten, wand ich Dir zum Ehrenkranz;
und noch unzähl'ge Jahre will ich sie
erneuern und bewässern und behüten

»*St. Gabi*«. Karikatur, Adolf Hengeler.

zu Deiner Freude! Ungezählte Jahre
– bis alle zwei wir ururalt geworden!
– Und nun – ich schäme mich ein wenig
                                  zwar –
gib mir – was ich so lang schon mir
                              gewünscht –
gib Deiner Isar herzhaft einen Kuß!
So! das war gut. Nun lebe wohl, mein
                              Teurer,
und bleib mein ewig junger alter Freund!

Eine übermütige Denkmalsenthüllung, von Emanuel von Seidl und Fritz Behn veranstaltet, führte dann zum inoffiziellen Teil der Feier über, wobei vom Anfang bis zum Ende der gleiche Grundton widerklang: »Hoch unser lieber Gabriel Seidl!«

Abschied eines berühmten Heldensängers. Karikatur, A. Oberländer, 1890.

Die Musiker der Allotria

Wenn wir uns schon eingehender mit den Festlichkeiten der Allotria beschäftigt haben, so müssen wir auch der bedeutenden Musiker derselben gedenken: waren sie es doch, die die zahlreichen Feste in so prächtiger Weise verschönern halfen, wie auch ihnen selbst zu Ehren oft die reizendsten Festabende veranstaltet wurden.

Irgendwie standen fast alle unter dem Stern Richard Wagners, der selbst des öfteren ein gern gesehener Gast der Allotria war. Hier konnte sich der etwas empfindliche Meister so recht wohlfühlen, denn da gab es keine Feinde für ihn, dafür aber um so mehr Lorbeeren, für die er ja keineswegs unempfänglich war. Einzig und allein Karl Freiherr von Perfall, der damals die Geschicke der Hofoper leitete und sie ihrer Glanzzeit zuführte, wäre Wagner wohl weniger angenehm gewesen, wenn es der gutmütige Intendant nicht vorgezogen hätte, an solchen Abenden, an denen der gefeierte Meister die Gesellschaft mit seiner Anwesenheit beglückte, lieber nicht zu erscheinen. Wie sehr der König nicht nur Wagner, sondern auch Perfall schätzte, beweist, daß Wagners Intrigen nicht dazu ausreichten, den tüchtigen Theatermann zu stürzen, so gerne er es auch gesehen hätte. Obgleich nun Perfall, und das wohl mit Recht, als Anti-Wagnerianer galt, so hatte er doch die ersten Wagner-Festspiele in München veranstaltet, was aber der Meister geflissentlich vergaß, da er überall gleich Unrat witterte, so die Anbetung seiner Person nicht das von ihm geforderte überschwengliche Maß erreichte. Übrigens war Perfall auch ein recht geschmackvoller Komponist, und das noch dazu von Opern, die gerne gehört wurden – eine Sünde, die Wagner nie verzieh. Cornelius war es schon so ergangen – aber gerade ein Allotrianer sollte späterhin diesem Komponisten wieder zum Siege verhelfen: der stimmgewaltige Eugen Gura, dessen geniale Interpretation des »Barbiers von Bagdad« dieses köstliche Werk erst so recht populär machte. Dieser große Sänger, dem auch die Wiederentdeckung der Balladen von Karl Loewe und der herrlichen Lieder von Robert Franz zu danken ist, war ein echter Sohn der Allotria: er war nämlich weniger stolz auf seine großen Erfolge als Sänger als auf seine Kupferstichsammlung. *Die Wonnen, die diese Werke dem Kunstfreund zu bereiten vermögen, sind allein imstande, dem Leben einen Inhalt zu verleihen, der alle Nichtigkeiten des Daseins verschwinden macht. Keine der Künste, auch nicht die Musik, kann den hohen Reiz des hehren Kunstbesitzes, die stillen Freuden, die der Anblick und das Sichversenken in diese unsterblichen Meisterwerke gewähren, jemals aufwiegen*, so schreibt er selbst in seinen Lebenserinnerungen. Da war Gura freilich der rechte Mann am Platze, sowohl bei den bildenden Künstlern als auch bei den Musikern – wenn er auch nicht so ganz von Wagner eingenommen war: »Alles wäre ja recht, wenn nur die letzte Bierrede nicht mehr wäre!« beklagte er sich jedesmal in der Allotria oder im Hofbräuhaus, wenn er nach den Meistersingern zu seinen Freunden kam. Und dabei gehörte er damals zu den gefeiertsten Interpreten der Rolle des Hans Sachs! Der 21. Juni 1868 war ein Markstein in der Geschichte des Münchner Hoftheaters: in der Hofloge wohnte Richard Wagner neben König Ludwig II. der Uraufführung seiner Meistersinger unter der Stabführung Hans von Bülows bei. Die besondere Gunst des Königs teilte Wagner mit dem Darsteller des Walter von Stolzing, Kammersänger Franz Nachbaur. Frühzeitig wurde dieser prachtvolle Tenor, der bis zu seinem 1902 erfolgten Tode in 662 verschiedenen Rollen 1001mal sang, Mitglied der Allotria. Er war ein guter, liebenswürdiger

Kammersänger Eugen Gura. Karikatur.

Hermann Levi als Rabbi. Karikatur.

und vor allem sehr hilfsbereiter Mensch; anläßlich seines 25jährigen Künstlerjubiläums (1883) wurde er daher auch in der Allotria, der er viele schöne Stunden bereitete, gebührend gefeiert.

Einer der prominentesten Musiker der Allotria war der Münchner Generalmusikdirektor Hermann Levi, der erste Dirigent von Wagners »Parsifal«. Levi war Jude, doch da den Kreisen der Allotria von jeher stupider Antisemitismus fremd war, konnte dem »General« gar bald der erlesene Künstlerkreis zu einem zweiten Zuhause werden. Und wie beliebt er in der Allotria war, beweist nichts besser als die Feier, mit der man das 25jährige Kapellmeisterjubiläum des gefeierten Dirigenten im eigenen Heim beging. Gleich einem Motto dazu könnte darüber die Schlußvignette der diesem Feste gewidmeten Kneipzeitung stehen: ein Lorbeerzweig mit Dirigentenstab, durchflochten von rings herumfliegenden Noten und dem Lorzingschen Vers »Heil sei dem Tag, an dem Du uns erschienen!« Levi, ein Mann von Welt und höchster Bildung – er war vor allem auch ein verdienter Goetheforscher –, verstand Spaß, und so konnte man an diesem Abend einmal so richtig ausgelassen sein. Dabei erschien der Jubilar als alttestamentarischer Levit und nahm die Glückwünsche der christlichen Heiligen entgegen, die mit allen ihren Tributen erschienen waren.

Der in München so populäre Hofkapellmeister Franz Fischer, allgemein der Fischer Franzl genannt, war seinerzeit wohl der beliebteste Musiker der Allotria. Sollte einmal ein Buch über die Geschichte der großen Dirigenten geschrieben werden, so müßte darin dem Fischer Franzl ein besonders ausführliches Kapitel gewidmet werden, obwohl er es während seiner 32jährigen Tätigkeit am Dirigentenpult niemals zum »General« brachte und immer nur »Zweiter« blieb. Daran war er freilich auch selbst mit schuld, da er in seiner garadezu rührenden Bescheidenheit einfach nichts aus sich machen konnte. Und doch war seine Karriere von allen nur erdenklichen Erfolgen begleitet: auf Verwendung von Richard Wagner debütierte er bereits als 28jähriger mit »Fidelio« am Münchner Hoftheater und erhielt nach ausgezeichneten Kritiken die zweite Kapellmeisterstelle. Zwei Jahre später dirigierte er schon den »Tristan« in München, und noch im gleichen Jahre neben Levi den »Parsifal« in Bayreuth, wohin er auch in den nächsten Jahren berufen wurde, bis ihm 1899 Cosima Wagner sämtliche Aufführungen des »Parsifal« anvertraute. Einen rascheren Aufstieg hätte sich also der gute Fischer Franzl kaum wünschen können – die

Fischer Franzl am Flügel. Karikatur, Henry Albrecht.

Selbstkarikatur, Gabriel Schachinger.

Palme des Generalmusikdirektors aber blieb ihm immer wieder versagt und so erlebte und überdauerte er alle die »Ersten«, die man ihm so nach und nach vor die Nase setzte: nach Levi Hermann Zumpe, Felix Mottl, Bruno Walter, Richard Strauß und Weingartner. Und doch hätte auch er einmal »Erster« werden können: an der Königlichen Hofoper Berlin, wo ihm Graf Josef Hochberg 1889 diese Stelle anbot. Nach regem Briefwechsel aber lehnte Fischer ab, denn er konnte es einfach nicht übers Herz bringen, seinem Hoftheater und München untreu zu werden. Als bekannt wurde, daß er den vorteilhaften Ruf nach Berlin ausgeschlagen hatte, veranstalteten ihm seine Allotrianer einen Festabend, wobei sie ihm sechzig Gemälde schenkten, in tiefer Nacht noch einen Möbelwagen organisierten und ihn mit seiner neuen Galerie im Morgengrauen zu seiner Wohnung in der Arcostraße brachten.

Geradezu wundervoll muß sein Partiturspiel gewesen sein, das namentlich seinen Allotrianern zugute kam. Was sie in solchen Stunden durchlebten, schilderte einmal Lenbach: *Das Rührende an ihm aber war der Überschwang der Begeisterung, in die er sich selbst durch sein Spiel nach und nach hineinsteigerte, und mit der er nicht müde wurde, immer neue Wunder Wagnerscher Tondichtungen ertönen und die Tonfluten aus seinem märchenhaften Gedächtnis mit solcher Wucht und Farbigkeit in den Saal brausen zu lassen, daß man nur noch atemlos lauschen konnte.* Aber der Fischer Franzl wurde doch noch

Generalmusikdirektor, freilich erst, nachdem er bereits in den wohlverdienten Ruhestand getreten war und ihm daher dieser Titel zu nichts mehr nutze war. Vielleicht freute ihn der Erhalt des Bürgerrechts seiner Vaterstadt noch ein wenig, der persönliche Adel aber, den man ihm dazu verlieh, war nicht sehr nach seinem Geschmack. *Bis jetzt hat's doch immer geheißen: Guten Morgen, Herr Fischer – und jetzt – Guten Morgen, Herr von Fischer, das ist doch stillos!* Aber sein Allotriafreund, Professor Eugen Kirchner, wußte den Unglücklichen zu beruhigen: *Lieber Herr von Fischer! Verzage nicht – ich verkehre trotzdem weiter mit dir!*

Daß Fischer stets »Zweiter« geblieben war, wo er doch so oft die Rolle des »Ersten« gespielt hatte, nagte vielleicht mehr an ihm, als er selbst glauben mochte – zwei Dinge aber blieben bis zu seinem Tode seine getreuen Begleiter, auf die er sich felsenfest verlassen konnte: seine geliebte Allotria und seine Zigarre, ohne die auch der Herr von Fischer nicht zu denken war.

Vieles ließe sich noch über so manch anderen erzählen, über Bruckner, dem nach seinen eigenen Worten die in der Allotria erlebten Abende zu den schönsten Erinnerungen seines Lebens zählten, über Pembaur, den hervorragenden Interpreten Beethovens und Liszts, über den so erfolgreichen Haydn-Forscher Sandberger, über Schillings, den Komponisten der damals so gerne gehörten Opern »Mona Lisa« und »Der Pfeifertag« und viele andere. Ja, musiziert wurde in der Allotria von jeher viel und gut.

Schwabenmajer, Texter vieler Lieder und Hauspoet der Allotria. Karikatur, Franz von Stuck.

Das »Schützenliesl«. Gemälde, Fritz August von Kaulbach, 1881.

Die Deutschen Bundesschießen 1881 und 1906

Zweimal wurde das große Volksfest des Deutschen Bundesschießens in München abgehalten, das siebente im Jahre 1881 und das fünfzehnte 25 Jahre später, 1906. Sie wurden Ereignisse ersten Ranges und beide Feste bewiesen, welchen maßgeblichen Einfluß die Allotria auch auf das kulturelle Leben der Stadt München nahm: waren es doch fast ausschließlich Mitglieder unserer Gesellschaft, denen die künstlerische Gestaltung dieser Feste anheim gegeben war. Und nach alledem, was uns davon überliefert ist, müssen diese beiden Deutschen Bundesschießen bezaubernd gewesen sein, so daß wir es verstehen können, wenn Emanuel Seidl darüber einmal das stolze Wort prägte, sie seien gleichzeitig zu Künstlerfesten geworden, wie sie eben nur München allein machen könne. Rudolf Seitz und Gabriel Seidl waren 1881 die Schöpfer der Skizzen und Pläne, die der Ausführung der Festbauten auf der Theresienwiese zugrunde lagen. Ohne die Entwürfe der beiden vor sich zu haben, kann man sich schwer einen Begriff von der Freudigkeit und Klarheit all dieser Bauten machen, von der langgezogenen, von einem Mittelturm und vier Ecktürmchen überragten Festhalle, von dem durch fröhliches Laubwerk schimmernden Gabentempel oder dem burgartigen, von bunten Fahnen umwogten Hauptportal.

Auch der große historische Festzug stand ganz unter der Ägide der Allotria: Josef Flüggen mit seiner gewaltigen Gruppe der Jagd, Heinrich von Lossow mit dem prunkvollen Wagen der Germania, Herterich mit seinem vielbewunderten Aufzug der Geharnischten und ihrer Knappen, Räuber und Havenith mit dem großartigen Arrangement des Dreißigjährigen Krieges und endlich Schraudoph mit der monumentalen Gruppe der Munichia, diese selbst, gekrönt auf goldschimmerndem Wagen unter einem Baldachin thronend, mit dem Münchner Kindl und den Frauentürmen zu ihren Füßen. Während 1881 die Rollen noch auf verschiedene Festarrangeure verteilt waren, ruhte 1906 die ganze Last der künstlerischen Gestaltung auf den Schultern Emanuel Seidls, sowohl die Errichtung des Festplatzes als auch die dekorative Oberleitung des Festzuges mit der herrlichen Schlußgruppe Fritz Erlers und Josef Flossmanns: dem überall umjubelten goldenen Wagen der Glücksgöttin, von einem Vierergespann goldgeschirrter Schimmel gezogen. Der Lohn für die gewaltige Arbeit Seidls ließ nicht auf sich warten: gegen Schluß des Festzuges befahl der Prinzregent ihn zu sich und gab ihm mit wiederholtem Händedruck seine höchste Befriedigung für das außerordentlich schöne Arrangement des Zuges kund.

Untrennbar mit diesen beiden Bundesschießen ist das »Schützenlisl« von Fritz August von Kaulbach verbunden. Für die Wirtschaft »Zum Schützenlisl« auf dem Festplatz von 1881 hatte Kaulbach in rascher Improvisation dieses Aushängeschild gemacht und dieser launige Einfall eines glücklichen Augenblicks sollte die viel anspruchsvolleren Schöpfungen der Architekten überdauern. Über seinen ephemeren Zweck hinaus erlangte dieses Wirtshausschild eine unermeßliche Popularität. In Hunderttausenden von Reproduktionen machte das »Schützenlisl«, die dralle Münchner Kellnerin in altdeutscher Tracht, mit dem Münchner Bier seinen Siegeszug durch alle Weltteile, und eine Zeitlang schien es, als würde dieses neue Sinnbild des lustigen, bierfrohen München das alte Wahrzeichen der Stadt, das Münchner Kindl, verdrängen.

19. Mai 1901, Einladung zum Frühlingsfest im Künstlerhaus. Julius Diez.

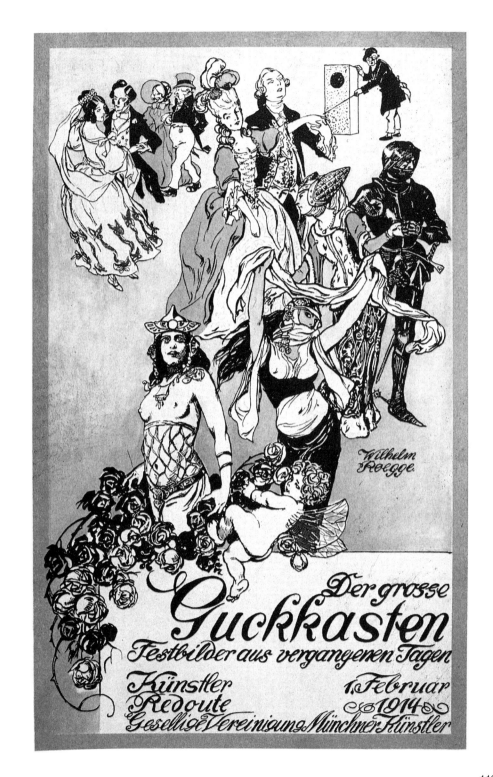

1. Februar 1914, Gesellige Vereinigung der M.K.G., Der große Guckkasten – Festbilder aus vergangenen Tagen. Wilhelm Roegge.

Münchner Künstlerhaus vor dem Ersten Weltkrieg.

Das Münchner Künstlerhaus

Die Glanzzeit der Allotria reichte über die Jahrhundertwende und fand einen krönenden Abschluß in der Errichtung des Münchner Künstlerhauses. Es war der Schwanengesang der Alten. Ein Gedanke, der fast vierzig Jahre durch Streitigkeiten über die Standortwahl und von Schwierigkeiten der Finanzierung gekennzeichnet war. Er wurde von Franz von Lenbach kraft seiner Autorität und durch seinen Einsatz verwirklicht. Gabriel von Seidl schuf die Pläne, die Künstlergenossenschaft war der Träger und Lenbach stand mit Ferdinand von Miller der Baukommission vor. Es war ein erhebender Tag, als der Prinzregent auf dem Platz, auf dem einst die alte Allotria stand, am 3. Juli 1893 den Grundstein legte.

»*Der Schwanengesang der Alten*«. Karikatur aus der Kneipzeitung zum Stiftungsfest, Adolf Hengeler, 1900.

20. Februar 1908, Künstlermaskenfest »Jungbrunnen«. Adolf Hengeler.

Rauschende Feste voller Ideen vereinten in diesem Haus die Künstler mit dem Großbürgertum. Ein Beispiel dafür war das schon ausführlich erwähnte Don-Juan-Fest. Blättert man durch die damaligen Programme, erinnern Titel wie »Zauberspiegel« oder »Jungbrunnen« an die Jahre vor dem Ersten Weltkrieg, in denen diese Wellen der traditionellen Vergnügungen leise verebbten.

16. Februar 1909, Künstlermaskenfest »Zauberspiegel«. Adolf Hengeler.

1. Februar 1910, Künstlermaskenfest »Gold«.
Rudolf Seitz.

1891, Akademiefest »Am Meeresgrund«.

Die neue Zeit

Die junge Generation setzte gegen die Prunkentfaltung der Alten ihre Gedankenwelt, die sich in Akademiefesten wie »Die Unterwelt«, »Am Meeresgrund« oder im »Botticellifest« ankündigte. Schon der Lebensstil unterschied diese Künstler und ihr Erscheinungsbild wandelte sich. Die großen Malerfürsten verblaßten und mit ihnen der Glanz ihrer Paläste. Die Vorstadt gestaltete ein neues Milieu. Die jungen Künstler zog es nach Gern in kleine Ateliers, die billiger waren. Schwabing entstand. Der Verein der deutschen Kunststudenten feierte im Kreis um Ignaz Taschner. Die Bauernkirchweih in der Schwabinger Brauerei wurde zum Kontrapunkt. Waren die ersten Bauernbälle noch ausgesprochen oberbayerisch, so kamen später, wenn sie echt und schön waren, Trachten aus Holland, Ungarn und dem Balkan dazu. Da tanzten dann friesische Bauern mit Berchtesgadenerinnen und der fränkische Hummelbauer mit der Schwälmerin. Dekoration und Musik aber blieben oberbayerisch. Ignaz Taschner war der König der Schwabinger Bauernkirchweih und durch ihn floß das Dachauer Hinterland in Sitte und Brauch in die Festgestaltung. Die Einladungen und Plakate waren eine künstlerische Demonstration. Willy Zügel, Rudolf Schießtl, Eugen Osswald, Karl Hammer, I. P. Junghanss, Otto Kopp, um nur einige anzuführen, waren die unermüdlichen Zeichner für diese Feste, herrliche Medaillen entstanden. Diese Bauernkirchweih, auf der es lustig, echt und künstlerisch zuging, beeinflußte das ganze Münchner Faschingsleben.

1900, Akademiefest »Unterwelt«.

Ein Beispiel ist das Pippinger Veteranenfest mit Taschner, Ludwig Thoma und einem Kreis von Simplizissimus-Künstlern. Der Zeichner Karl Arnold und der humorige Schriftsteller Georg Queri waren die Matadoren dieser Feste, die im Mittelpunkt immer ein Festspiel vorsahen mit Fahnenweihe oder Denkmalsenthüllung und so Parodie und Wirklichkeit verknüpften. Eine Idee, die heute noch in der Vorstadthochzeit weiterlebt.

»*Druck Di momentan Du Viech Du antiks.*« Einladung zur Bauernkirta 1910. Hans Hammer.

K. von Lilien.

Max Liebermann.

K. Frosch.

Medaillen zur Kirta.

Plakat zur Bauernkirta 1901. Ignaz Taschner.

Plakat zur Bauernkirta 1905. Eugen Osswald.

Plakat zur Bauernkirta 1907. Eugen Osswald.

Die Akademie wuchs und brachte immer neue Feste zum Blühen: den Salvatorumtrunk, damals noch in der Schwabinger Brauerei; die berühmten Modellbälle der Akademie in der Blütenstraße. Andere Akademiker gründeten die »Gaukler«. Fahrendes Volk und Zirkusmilieu gaben den Hintergrund für das entsprechende Programm und die Kostümierung. Es wurde später zur Tradition, daß der Ehrengaukler Karl Krone im Löwenbräukeller um Mitternacht mit einigen Programmnummern seines Zirkus erschien. Daneben entstand das Atelierfest, in dieser Atmosphäre profilierten sich Schriftsteller und Zeichner und formten einen neuen Geist. Die Satire der Zeitschriften »Simplizissimus« oder »Die Jugend« entdeckten immer neue Meister der Karikatur. Felix Schlagnintweit schildert in seinem Buch »Ein verliebtes Leben« diese Atelierfeste. Im Dunstkreis eines Joachim Ringelnatz, Stefan George oder der schon legendären Franziska zu Reventlow entwickelte sich eine eigene Philosophie des Feierns. Unter den Zeichnern ragt Ferdinand von Reznicek heraus.

»Panoptikum«. Karikatur, Ernst Holweck.

Seine Bilder spiegeln Feste wider, die im Deutschen Theater mit dem »Ball Paré« und der »Redoute« überschäumende Freude erzeugten. Nächte, in denen Bernhard Etté und der junge Peter Kreuder in die goldenen Zwanziger Jahre hineinspielten. Neben der »Geselligen« entfaltete die »Narhalla«, die schon Ende des vorigen Jahrhunderts den ersten Karnevalszug veranstaltete, den Vorläufer des späteren Faschingszugs, ihre überaus populären Feste. Nicht zuletzt gründete sich der Erfolg auf die glückliche Auswahl der Faschingsprinzen, von denen nur Gustl Annast oder Karl Steinacker erwähnt seien – Persönlichkeiten, die mit ihrem Humor und Charme eine ganze Generation von Faschingsgängern in ihren Bann zogen und eine Dynastie gründeten, die lange das witzige Zepter über dem Münchner Fasching schwang. Die »Münchner Hiobspost«, der »Miesbacher Anzeiger« oder die »Kuhhaut«, eigene Faschingsausgaben der »Münchner Neuesten Nachrichten«, begleiteten diese närrische Zeit.

Plakat zum Modellball 1913.

22. Januar 1908, Einladung zum Kostümfest »Gauklertag«. Otto Kop.

Einladung zum Kostümfest »Gauklertag« 1925. Richard Klein.

Ballszene. Gemälde, Ferdinand von Reznicek.

1899, Erster Carnevalszug der Narrhalla (Ausschnitt).

Tagebuchnotizen 1922–1944

Für die Zeit zwischen den beiden Kriegen gibt es einen Chronisten: Walter Zimmermann, den früheren Generaldirektor des Münchner Glaspalastes. Er hatte mit der unglaublichen Vielzahl seiner Verbindungen in der gesellschaftlichen und künstlerischen Szene Münchens wie kaum ein anderer Gelegenheit, den Einfluß des Generationswechsels und der politischen Entwicklung auf das Kunstleben und die Münchner Feste zu beobachten. Er war ein echter Allotrianer, seine Tagebuchnotizen sind heute ein Dokument der Münchner Geschichte. Beginnen wir mit dem Jahr 1922 und lassen wir Walter Zimmermann mit der Schilderung allotrianischer Feste zu Wort kommen:

In der Allotria feierten wir am 24. Februar Stucks und Hengelers Sechzigsten. Die Hauptrolle des Festspiels, einen Schmierendirektor, mußte ich mimen, Professor von Hajeck einen Faun, Professor Stockmann einen Biedermeier, Professor Ludwig von Herterich den Luzifer, Bildhauer Rudl Gedon die Susanna und Hofschauspielerin Fräulein Reubke die Allotria. Mit Zügel, Habermann, Kahr und Graf Moy lachte Kronprinz Rupprecht herzlich über den Ulk. Vollhals spielte meisterhaft Geige und Konrad Dreher sprach hervorragend witzig. Es war wieder eines der berühmten Allotriafeste.

Fahren wir fort mit einem, in den Münchner Zeitungen ausführlich besprochenen, Maifest des Künstlerhaus-Vereins, bei dem Zimmermann als Impressario eine schuhplattelnde Kuh vorführte.

In der Kuhhaut steckten Toni Seidl und einer der Miller-Buben. Ich erklärte würdig, dem Kuhtrott werde die Zukunft gehören. Mit Ferdinand von Miller, Stuck, Hengeler, Herterich, Benno Becker, Georg Proebst, den allzeit fürsorglich Waltenden, Zumbusch, Stockmann, Naager, Schrag und Konrad Dreher an der Spitze war ganz München zu dem wohlgelungenen Allotriafest erschienen.

Die finanziellen Probleme der Nachkriegszeit werden in folgendem Eintrag deutlich:

Und der Dollar stieg weiter. Am 4. Oktober galt er bereits 570 Millionen Mark. Ein Glas Bier kostete 12 Millionen und ein Mittagessen 40 Millionen. In dieser schweren Zeit stifteten Künstler der Allotria Bilder, die ich in die Schweiz verkaufen konnte. Das war wieder Anlaß zum Feiern. Zu dem Freimahl, das dank des Verkaufes der Bilder gegeben werden konnte, erschienen: von Marr, Exzellenz Ferdinand von Miller, die Professoren Wopfner, Hermann Hahn, Ludwig von Herterich, Leo Putz, Hans von Hajeck, Blos, Nissl, Heider, Firle, Holz, Schrenk-Notzing etc., kurz, der gefüllte Raum war bis zum letzten Platz besetzt. Ferdinand von Miller begrüßte und dankte allen Allotrianern für ihre Stiftungen, dankte sogar mir für den glänzenden Verkauf in Schweizer Franken. Vollhals spielte mit seinem Quartett prachtvoll, Dreher trug ein fideles Gedicht vor und Kammersänger Kraus sang vorzüglich.

Wie an anderer Stelle des Buches schon erwähnt, war die Allotria auch Schauplatz vieler Begegnungen mit bedeutenden Zeitgenossen. So erwähnt Walter Zimmermann den Besuch des Zeppelinkapitäns, der, von seiner ersten Ozeanüberquerung zurück, in ganz Deutschland stürmisch gefeiert wurde.

Am 12. Januar 1925 waren Ernst, Wolf Ferrand und ich Zeugen der Huldigung Dr. Eckeners im Künstlerhaus. Der herrliche Saal im Lichterglanz, auf der Galerie ein Frauen-Chor, auf der Bühne ein großes Orchester, zusammen 350 Sänger und Musiker. Im dichtgefüllten Saale sprach Professor Löwith sehr gut und Eckener erzählte launig von Amerika. Von Eckener gab mir seine Fotografie mit Unterschrift.

Auch das Beisammensein mit Admiral Scheer einige Jahre später war in der Allotria ein großes Ereignis.

Ernst (Sedlmayr) brachte in die Allotria den Admiral Scheer mit. Der Jubel war ehrlich und begeistert. Zwischen Kahr und Stuck saß der Admiral, von Ferdinand von Miller herzlich im Namen der Allotria begrüßt. Das Stiftungsfest verlief so in gehobener Stimmung. Lüdecke-Cleve hatte wieder das lustige Festspiel verfaßt, bei dem Beppo Steinmetz, Julius Schrag, Lüdecke, die zwei Söhne von Gabriel von Seidl und ich mitspielten. Es war keine Kleinigkeit, bei dem riesigen Betrieb im Glaspalast nachts die große Rolle des »Sulphurius Rhetor« einzustudieren. Nach Konrad Drehers heiterer Rede sprach Scheer vorzüglich und bescheiden. Später setzte er sich zu Ernst und mir und wir unterhielten uns bis zum frühen Morgen.

Zum ersten Mal nach dem Kriege fanden sich die Künstler vom wirtschaftli-

15. Juni 1927, Plakat zum »11 Scharfrichter-Abend« im Steinicke-Saal. Thomas Theodor Heine, 1901.

chen Verband zu einer jener lebensvollen Veranstaltungen zusammen, die den Namen Münchens weithin bekannt gemacht haben. Das Fest fand in der Schwabinger Brauerei am 26. Juli 1925 statt. Da war eine Kunstausstellung zu sehen, in der neuentdeckte Bilder berühmter Künstler der letzten 50 Jahre nebst solchen der nächsten 50 Jahre bis 1975 vertreten waren. Scherz, Satire und tiefere Bedeutung. Ich hatte den Prolog zu dichten und zu verlesen, mußte die Festrede über den »Futureximkubpressionismus« verfassen und diskutierte mit Wilhelm Dieß, der einen Aufseher glänzend darstellte, über wahre Kunst.

Der Faschingstaumel, die Fülle der großen und kleinen Künstlerfeste, zeigen den Glaspalastdirektor immer in aktiver Rolle. Die Aufzählung einer Ballsaison gibt einen kleinen Überblick über die Feste in München, die trotz wirtschaftlich angespanntester Situation in Deutschland stattfanden.

In der Schilderung des Chrysanthemenballes im Deutschen Theater, bei dem tout München anwesend war, sagten die Münchner Neuesten Nachrichten unter anderem: »Zur Erhöhung der frohen Stimmung trug nicht wenig die Errichtung eines Standes- und Scheidungsamtes bei, das in Generaldirektor Zimmermann und Karl Steinacker humorvolle Sachwalter gefunden hatte. Rechtsanwalt Dr. Dieß und Dr. Lindpaintner waren eifrige Mitarbeiter.« Wilhelm Dieß und ich hatten die Hauptarbeit und standen von abends acht bis früh drei Uhr in der Bude, um Geld für die armen Säuglinge des Heimes an der Lachnerstraße hereinzubringen. Der Karneval tobte. Ein Quartier-Latin-Abend bei Frau Irene Reichert, ein Atelierfest bei Willi Geiger, »Schenke in Spanien«, bei dem Frau Wedekind, Elsa Heims und Frau Wackerle in entzückenden Kostümen erschienen waren, während Karl Arnold uns Tränen lachen machte; ein musikalischer Abend bei uns, bei dem in Anwesenheit von Prinzessin Clara August Reuß die Liedervorträge unseres lieben Professors Krellinger begleitete: ein Fest bei Luise Prager, bei dem Gustl Waldau, Karl Arnold und Willi Geiger Trios sangen, daß einem die Kinnbacken vor Lachen wehtaten – das alles flog nur so dahin. Dann folgten Gauklerfest, Dienstbotenball bei Menachers, Ball der Neuen Börse, Maskenfest der Herberge im Arzbergkeller.

Unser »Berichterstatter« war nicht nur mit den Bildenden Künsten aufs engste verbunden. Seine Aufzeichnungen zeigen auch die Kontakte zu den Schriftstellern und Literaten der damaligen Zeit. So berichtet er von der Aufführung der Zaubergeige von Franz von Pocci, mit der Paul Brann im Herkulessaal das 20jährige Bestehen seines Marionetten-Theaters feierte. Mit ihm waren Max Halbe, Theodor Fischer und der Komponist der Bühnenmusik, Trunk, anwesend. In den Eintragungen seines Tagebuches taucht aber erstmals eingebettet in seine Erlebnisse dieser Tage eine politische Erfahrung auf, die sich im Laufe der Jahre immer stärker im Kunstleben breit machte, immer mehr Raum einnahm und zugleich die Freiheit auch des Festens und Feierns einengte.

Am 25. November war ich eingeladen zur Gerhard-Hauptmann-Feier im alten, herrlichen Rathaussaal. Thomas Mann, Heinrich Mann, Max Halbe und Gerhard Hauptmann sprachen vorzüglich. Die Zeitungen brachten anläßlich des 25. Todestages am 15. November große Artikel über meinen Vater. – Ein eindrucksvolles Fest war das der Jahrhundertfeier der Universität. Am 26. sahen wir den großartigen Fackelzug von 3000 Studenten; am 27. den Festzug, in dem die Professoren in ihren Talaren so farbig wirkten. In meinem Tagebuch steht wörtlich: am 26. abends tobte im Künstlerhaus eine außerordentliche Mitglieder-Versammlung bis früh halb drei Uhr. Marr wurde ein Vertrauensvotum teil. Er war tags zuvor im Völkischen Beobachter niederträchtig angegriffen worden. Wir schreiben das Jahr 1927. Noch scheint die Welt in Ordnung – wenn auch das politische Wetterleuchten nicht zu übersehen ist.

Die Leichtigkeit, mit der Walter Zimmermann von seinen Stunden in der Gesellschaft erzählt, dürfen nicht darüber hinwegtäuschen, daß er als Generaldirektor des Glaspalastes in viele Streitigkeiten und Kämpfe der Künstler, die ausstellten und Kunstrichtungen bestimmen wollten, engagiert war. Große finanzielle Probleme und gerichtliche Auseinandersetzungen über Bilderverkäufe füllten Tage der harten Arbeit aus und es erscheint manchmal unbegreiflich, wo dieser Mann die Kraft für sein rastloses Leben hernahm.

Mit aller Energie mußte ich mich am 3. April zwingen, der Einladung zum Allotria-Frühschoppen zu folgen, und mit Galgenhumor unterhielt ich den vollen Saal. Am 11. abends war großer Empfang beim Kronprinzen. 80 Herren in den schönen Räumen des Palais Leuchtenberg. Mit Ernst und mir sprach der Kronprinz lang über das Buch meines Großvaters, das ihn entzückt habe. Wir blieben in angeregter Unterhaltung bis elf Uhr und wanderten dann mit Willem Dieß in die Allotria, wo wir mit Nissl, Schramm-Zittau, Crodel und Geheimrat Pringsheim, dem großen Gelehrten und Schwiegervater von Thomas Mann zusammensaßen. Als über Franz Naager mit ehrlicher Bewunderung gesprochen wurde, meinte Pringsheim in seiner trockenen Art: »Er ist auch ein guter Manaager«, und als er auf die Uhr sah: »Meine Herren, ich gehe heim, hier ist ja kein Prinz und ich bin auf ›Prinz‹ angezogen.«

Eines der farbenfrohesten Feste war das der Neuen Sezession am 15. in der Schwabinger Brauerei. Erkannt hat mich niemand und so konnte ich Theodor Fischer, Caspar, Schinnerer, Karl Arnold, Geiger, Hanfstaengl, Wackerle usw. Dinge sagen, die nur ein guter Bekannter wissen konnte. Das Raten, wer der Ritter sei, war urkomisch.

Bei diesem großen Freundes- und Bekanntenkreis wechselten frohe mit traurigen Stunden. Dramatisch berichtet Zimmermann über den Tod Franz von Stucks, der am 30. August 1928 starb. *Eines Tages kam einer der neuen Aufseher zu mir ins Büro gelaufen: »Da draußen is a alta Herr zamgfalln. I glaub, es is an Maler.« Ich eilte zur Straße und sah Stuck, leichenblaß. Er lehnte am Zaun. Eine Autodroschke fuhr vorüber, ich rief den Chauffeur an und hob mit Hilfe des Aufsehers den Bewußtlosen in den Wagen, setzte mich neben ihn, seinen Kopf an meinen Schultern. Kurz vor Ankunft im Stuck-Palais kam der Meister zu sich. Ich übergab ihn der Fürsorge seines Personals und schon zwei Stunden später rief er mich an, dankte herzlich und erklärte, es gehe ihm wieder gut, es sei wohl eine Blutleere im Gehirn gewesen. Es war der erste Schlaganfall. Am 1. August schrieb er mir zum letzten Male; am 30. nachts zehn Uhr starb der große Maler. In der Halle des Nordfriedhofs nahm die Künstlerschaft Abschied von Franz von Stuck, der 65 Jahre alt geworden ist. Alles, was Bedeutung im Münchner Kunstleben hatte, war gekommen, und in der langen Reihe der Redner sprach auch ich für die Geschäftsleitung und das Personal des Glaspalastes. Kurz bevor der Sarg geschlossen wurde, sah ich das ernste, markante Antlitz des Toten zum letzten Mal. Die Feier, die German Bestelmeyer als Präsident der Akademie der Bildenden Künste mit erhebenden Worten tiefsten Schmerzes eingeleitet hatte, war des Meisters würdig.*

Ein echter Allotria-Abend war die Feier zur goldenen Hochzeit des Ehepaars Rösl. Der Maler Josef Rösl bewohnte ein herrliches und romantisches Anwesen im Ammerland am Starnberger See. Dort feierte auch die Nachkriegs-Allotria noch viele zauberhafte Feste, dank des Enkels Rösls, Hubert Rank, dessen Gastfreundschaft wir immer genießen.

Am 5. abends versammelten sich 100 Personen in der Allotria zu Ehren von Josef und Emma Rösl. Der Saal war feierlich geschmückt. Um halb neun begann das von Frau Stora Max gedichtete Festspiel, bei dem ich als Sprecher im Hofnarrengewand mit goldenem Stab die Hauptrolle innehatte. Das Spiel schilderte in heiterer Form die wichtigsten Lebensabschnitte der Jubilare, geleitet vom Gesang der drei »Schicksals-Sängerinnen« Marie, Rosl und Caroline, den Töchtern des Jubelpaares. Die Rank-Kinder und Dorle Burckhardt, die Enkel, mimten famos mit. Als Rösl vom Rosenhof war Sanitätsrat Lindl hervorragend. –

Am 4. machte ich als Comité-Mitglied den Armenball mit. Beim Diner bei Alfred Prager kam mir die Faschingsidee, ich wolle mir den Bart abschneiden lassen. Gedacht, getan. Niemand erkannte mich. Beim Gauklerfest saß Arnold mit mir am Tisch von Bumke, Frau Emmi Wagner, Dießens, Pixis und Frau Professor Heuser aus Kanada. Fritz Erler kam ebenfalls zu uns und später Bestelmeyer, sodaß wir eine höchst fidele Ecke bildeten. Das rasierte Kinn genierte mich. Vor einer Einladung ging ich zum Hoftheaterfriseur, der meinen Bart jahrelang behandelt hatte und ersuchte den Figaro, mir einen Bart anzukleben. Mit gewohnter Sicherheit tat er es. Als ich abends im Frack in der großen Gesellschaft erschien, merkte kein Mensch den Schwindel. Bei Mokka und

»Aterienonkel«. Karikatur, Ferdinand von Reznicek.

»*The Dansent*«. Karikatur, Ferdinand von Reznicek.

Zigarren erzählte mir eine Dame von einem aufregenden Skandal. »Das ist ja zum Haareausreißen!« rief ich und riß mir eine Bartsträhne aus. Allgemeines Geschrei – man hielt mich für wahnsinnig geworden. »Jetzt ist's eh gleich« fuhr ich fort und riß den ganzen falschen Bart ab – und aus den Schreckensschreien wurden Lachsalven. Bald war der echte Bart aber wieder nachgewachsen.

Das Geheimnis jeder großen Einladung heißt: immer wieder einschenken und allgemein interessierende Themen anschneiden. Ich glaube sagen zu dürfen, daß mir dies stets gelungen ist. Natürlich muß man sehr genau überlegen, wen man zusammen einlädt. Stets muß ein guter Erzähler dabei sein, dann ist die Gemütlichkeit von selber gegeben. Eine Gefahr sind zu temperamentvolle Gäste, die leicht maßlos in ihrem Urteil werden und dadurch die Stimmung verletzen. Zu den anregendsten in meinem damaligen Kreise zählten Willem Dieß, Georg Jakob Wolf und Carl Blos, zu den Amüsantesten Gustl Waldau, Karl Arnold und Willi Geiger.

Wenn der Direktor des Glaspalastes so ausführlich in diesem Buch über die Allotria miterzählt, darf auch die große berufliche Tragödie seines Lebens nicht unerwähnt bleiben. Der Brand des Glaspalastes 1931 war ein Schock für die gesamte Münchner Künstlerschaft, ja für die Stadt München.

Langsam kam das gewohnte Leben mit seinen Festen und gesellschaftlichen Zusammenkünften wieder in Gang.

Am 14. März 1933 kamen der Kronprinz und das ganze offizielle München zum »geselligen Abend« der Münchener-Künstler-Genossenschaft ins Künstlerhaus. Der Anlaß war der 65. Geburtstag der Genossenschaft. Hönig hielt eine sehr witzige, feine Rede, die in einer Huldigung für Kronprinz Rupprecht endete. Felix Bürgers nahm später zu einer launigen Erwiderung das Wort und dankte Dr. Wilm und mir für die Vorbereitung des schönen Abends. Die Münchener Neuesten Nachrichten brachten ein Feuilleton, in dem es zum Schluß hieß: »In einer Reihe von Darstellungen zählten die schönen, edlen Weisen der bekannten Bogenhausener-Künstlerkapelle, die prächtige Wiedergabe von Thoma-Humoresken durch Staatsschauspieler Hans Schlenk und die

1938, Festzug »Tag der Deutschen Kunst«.

lustigen Anekdoten, mit denen Generaldirektor Walter Zimmermann stürmische Heiterkeit zu entfesseln wußte, zu den Höhepunkten.«

Mit Gustl Waldau war auch mein lieber Schwiegervater (Graumann) gekommen. Der Abend war eine Oase im düsteren politischen Geschehen. Vor den jüdischen Geschäften standen Posten, die jeden notierten, der da einkaufen wollte. Unzählige Menschen stießen sich durch die Straßen, neugierig, schadenfroh, teils zustimmend, teils wütend. Hönig wurde Präsident des Bundes Deutscher Architekten. Hermann Schülein war kurz in Schutzhaft, Hausenstein war verhaftet, ebenso Traugott Schultz in Nürnberg. Das Denunziantentum blühte.

Unser Chronist erwähnt weiter in seinen Aufzeichnungen die Einweihung des Hauses der Kunst, den Festzug zum Tag der Kunst, der ja mehrere Jahre wiederholt wurde.

Wir setzten uns in einen Winkel des Wintergartens und unterhielten uns glänzend. Knappertsbusch versorgte mich mit Hühnerbraten. Am 15. wanderten Traudl und ich durch die reichgeschmückten Straßen zum Englischen Garten. Die riesige Tribünen waren überfüllt. Lange sprach Zar Ferdinand von Bulgarien mit mir. Ebenso der Nuntius Torre Grossa. Nach den Festreden von Finck und Wagner tat Hitler den ersten Hammerschlag. Ein Klirren – der Hammer war zerbrochen. »Der Grundstein zum Haus der Deutschen Kunst ist gelegt« scholl es sofort weithin. »Böses Omen« flüsterte es hinter mir. Der Festzug war wirklich großartig, hatten doch bedeutende Künstler mitgearbeitet. Der Aberglaube vom zerbrochenen Hammer wurde am 21. zur Wahrheit: Paul Ludwig Troost, der Architekt des Hauses starb.

Über ein abstruses Fest, das der damalige Präsident einer nationalsozialistischen Pferdesport-Organisation, Christian Weber, zu diesem Anlaß im Schloß Nymphenburg ausrichtete, hat der Chronist keine Eintragungen in seinem Tagebuch. Es war »Die Nacht der Amazonen«. Weber, ein Naziemporkömmling, ließ eine große Formation fast nackter Mädchen, an Goldhelmen als Amazonen erkennbar, zu Pferd aufziehen. In buntfarbiger Beleuchtung begleiteten sie einen Festwagen, der gleichfalls mit nackten Darstellerinnen eine ideologisch verbrämte Allegorie verkörperte. Dazu marschierten friederizianische Soldaten auf. Dieses Konglomerat von »Glaube und Schönheit« mit preußischer Männlichkeit wurde einer illustren, braunen Parteiprominenz vorgeführt. *Das Elend in der Künstlerschaft war furchtbar. Täglich kamen Künstler von Rang zu mir und erklärten, sie seien am Ende. Im Künstlerhaus stellte ich am 2. März Theodor Fischer als Redner des Abends vor. Sein Vortrag über Proportionen in der Kunst war hervorragend. Mein Freund Richard Mors umrahmte die Rede mit vortrefflichen musikalischen Darbietungen. Eine Pocci-Ausstellung wurde im Kunstverein eröffnet, bei der Dr. Wilm über Pocci und »Alt-England«, der erstklassigen Gesellschaft im alten München vorzüglich sprach.*

Das Jahr **1936** brachte den Abschied Zimmermanns von seinem alten Freund Georg Jakob Wolf, der mit dem 1926 erschienenen Buch über Künstlerfeste ein Standardwerk über die Münchner Feste im vorigen Jahrhundert geschaffen hatte. *Zur Beerdigung meines geliebten Georg Jakob konnte ich nicht nach*

1938, Festzug »Tag der Deutschen Kunst«.

Einladung zum Hexensabbath. Carl Strathmann.

Bal Paré im Deutschen Theater.
August Brandes.

Murnau fahren. Gustl Waldau sprach die Grabrede und Fritz Wagner legte meinen Kranz nieder.

Immer distanzierter werden die Beobachtungen Walter Zimmermanns zu den öffentlichen Feiern und Festen. Dank seiner gesellschaftlichen Bindungen und seiner Stellung im Kunstleben konnte er seine außerordentliche Regsamkeit in dieser Zeit, die sich im Geist und der Form so sehr von der Vergangenheit unterschied, weiterpflegen.

Zu Ehren des 75. Geburtstages, den Franz von Stuck nicht mehr erlebt hat, veranstaltete der Künstlerhaus-Verein eine Feier in der Villa Stuck. Nach dem Geistertrio von Beethoven nahm Willi Geiger das Wort und pries in hervorragender Rede den Meister. Konrad Dreher erzählte später aus Stucks Leben, Naager sekundierte.

1939 wurden alte Institutionen aufgelöst und die Unsicherheit in der Künstlerschaft wurde immer größer. Die alte Münchner Künstler-Genossenschaft (MKG) wurde von Minister Wagner aufgefordert, sich aufzulösen und in die »Kameradschaft der Künstler Münchens« einzureihen. Die Übergabe von Hab und Gut der MKG an die Kameradschaft der Künstler geschah am 25. Januar.

Der Krieg war ausgebrochen und wir begleiten den unermüdlichen Feste-Feiernden bis zum bitteren Ende. Man schrieb das Jahr 1941; der furchtbare Luftkrieg begann.

Ein hervorragendes Bild Zügels wurde im Haus der Deutschen Kunst abgewiesen und ich war wieder froh, mit dem Betrieb nichts mehr zu tun zu haben. Man sprach gleich von einer »zügellosen« Schau. – Am 12. Oktober wurde Angelo Jank im Waldfriedhof beerdigt. 30 Jahre lang war ich in Freundschaft mit ihm verbunden gewesen. In dieser Zeit wurde Zügel 90, Hermann Roth ebenso wie Max Halbe 75 Jahre alt. – In der Allotria, d. h. in dem provisorischen Lokal im Künstlerhaus, waren am Dreikönigstag 50 Allotrianer versammelt. Oberst von Kramer hatte ein ungemein lustiges Drei-König-Spiel gedichtet und wir unterhielten uns prächtig. Toni Toms, Hans Jensen und ich probten für den bunten Abend im Künstlerhaus. Es war nicht einfach, da Goebbels jede Conference und jeden Dialekt-Witz verboten hatte. Humor-Mord.

Es hatte sich ausgefeiert. Die gewaltige Inszenierung des Infernos und Untergangs erdrückte jeden Witz und das Menetekel des bitteren Endes zeichneten die feindlichen Flugzeuge jede Nacht mit Feuerstürmen in die Städte. Am 25. April 1944 stand München in Flammen. Walter Zimmermann schildert mit dramatischen Worten seine Bemühungen, Bilder zu retten. Er raste im Funkenregen, an brennenden Häusern vorbei, zum Maximilianeum. Dort gelang es ihm, mit Flaksoldaten und Helferinnen ungefähr 200 Bilder in den Keller zu retten. Welche Ironie, es handelte sich ausschließlich um abgewiesene Arbeiten. Knapp entrann er einer herabstürzenden Eisendecke. Schließlich erreichte er das Völkerkundemuseum, auch dort versuchte er, mit dem Verwalter Engel noch zu löschen. Mit letzter Kraft schleppte er den schweren Wasserschlauch zum Brandherd; dort keuchend angekommen, war alle Mühe umsonst, weil kein Wasserdruck mehr vorhanden war. In diesen Tagen ging auch das Künstlerhaus in den Flammen unter.

Zerstörtes Künstlerhaus, Festsaal.

Die Zeit nach 1945

Der Krieg war zu Ende und es schien, als ob der mühevolle Wiederaufbau keine Zeit zum Feiern ließe. Aber schon nach wenigen Jahren wollte man die Freude an der Freiheit, trotz immenser materieller Not, in Festen zum Ausdruck bringen. Ja, der Mangel förderte geradezu eine besondere Bereitschaft zur intensiven, überschäumenden Lebenslust. Viele der alten Festgestalter versuchten, ihre Erinnerungen zu beleben. Ernst Klotz, Wolfgang von Weber, Theo Riegler und nicht zu vergessen Marietta überlebten als Zeitzeugen. Aber das Fluidum des versunkenen Schwabings, der Simpl, in dem einst Isadora Duncan barfüßig tanzte, der deutsche Kronprinz von der Wirtin Kathi Kotbus leger begrüßt wurde, die Pferdestallpension in der Belgradstraße, in der Harry Fürmann mit Ricarda Huch und René Prévot tagelange Feste erfand, alle diese einmaligen Konstellationen und ihre Auswirkungen konnten sie nur noch in ihrer Person widerspiegeln. Kuddel Daddeldu war tot; die Gestalten wie der Dichter und Maler Ringelnatz nurmehr Vergangenheit. Karl Theodor Langen brachte zwar auf sein Katakombenbrettl seine »Untergrundbewegung«, die einst im Keller des Künstlerhauses begonnen hatte, bekannte Schauspieler wie Theo Lingen oder Rudolf Platte, aber diese Weltanschauung oder musikalisch dieses Leitmotiv, wie René Prévot einmal formuliert hat, entstand nicht mehr. Die Nachkriegszeit schrieb eine neue, eine andere Festgeschichte. Für die Jungen und die Nachkriegsgeneration hatte die Traumkulisse im Deutschen Theater den gleichen Glanz wie anno 1927. Damals schrieben die »Augsburger Neuesten Nachrichten«: »Am schönsten war das Kammerspielfest! Schauspieler aller Theater, Literatur und Schwabing, das gute alte Schwabing, gaben sich hier ein Rendezvous.« Auch jetzt tanzte das Publikum mit seinen Theaterlieblingen in ihre unvergessenen Stunden, erlebten ihre Stars hautnah auf diesem Fest der Kammerspiele. Im Haus der Kunst wurde auf billiges Papier der Dschungel gemalt. Alte Balltitel wie »Schwabylon« oder »Modellball« wechselten mit »Thuniak« oder »Montmartre«. Die »Narhalla« präsentierte im Deutschen Theater nochmals eine Reihe witziger Faschingsprinzen wie Walter Lindermyer, Maxl Graf, Gerd Fitz oder Burschi Heiden. Daneben gab es Ballsäle, die heute fast vergessen sind. Im Studio 15 stieg die Temperatur von Ball zu Ball auf »40–60 Grad im Schatten«. Die »Juryfreien« tobten durch die Thermen des Reginahotels. In dieser damaligen Faschingshochburg zeigte ein Tanzlehrer, der schon den Großvätern die ersten Tanzschritte beigebracht hatte, noch einmal seine Begabung als Dompteur des Ballgeschehens in seinem Zirkus Valenci. Im Apollo traf man sich zur »Elite Redoute«. Die Gaukler traten 1952 zum »Gauklertag« im Löwenbräukeller an, um dann wieder in die Vergessenheit zu versinken, bis sie in den letzten Jahren eine Gauklerrunde wieder zum Faschingsschlager machte.

Die »Damischen Ritter« mit ihrem Herzog Kasimir, Zögling der großen alten Bürger-Sänger-Zunft, gewannen mit ihren Festspielen und dem mittelalterlichen Aufzug, der in der Satire des Historismus seine Wurzeln hat, ein neues Publikum. Edi Sohler, der Weltbürger und Bohemien bemühte sich nach dem Maler Eglseder mit einigen Freunden, die Vorstadthochzeit, das Erbe Karl Arnolds, wieder ins Leben zu rufen. Ja, man verstand wieder zu feiern; und doch, die Feste einer gesamtmünchnerischen Künstlerschaft gehörten der Vergangenheit an. Was war aus all diesen einst so lebendigen Vereinigungen geworden? Wo war die Allotria in der Nachkriegszeit geblieben? Langsam fanden sich die Mitglieder wieder zusammen. Das Vereinslokal, das Weiße Lamm und das Künstlerhaus, ihre Wirkungsstätten waren zerstört. Die Allotria machte sich auf eine lange Wanderschaft. Dabei hatte sie nun einen glänzenden Führer: Ritter Rudolf von Kramer. Er war Großkanzler des Max-Joseph-Ritter-Ordens, Oberst, Maler und liebenswürdiger Zeichner. Er liebte es, kleine Karikaturen auf Postkarten zu zeichnen, über die sich jeder Empfänger freute und die auch ich gerne sammelte. Er begann, in mühevoller Kleinarbeit alle Allotrianer, die großenteils auf dem Lande evakuiert waren, »einzufangen«, und so langsam die Gesellschaft wieder zusammenzuführen. Eine lange Reise, die im Christlichen Casino, damals in der Dachauer Straße, begann, sich fortsetzte über das Tai Tung, dem früheren Café Größenwahn, Wilhelm Tell, Kreuzbräu, Reitschule ... eine wahre Odyssee.

1950, Einladung zum Allotria-Fasching.
Gerhard Winkler.

Für mich waren das Jahre der Fröhlichkeit und Lebensbejahung nach den Kriegswirren. Mit großem Respekt begegneten wir Jungen den alten Großen in diesem Kreis. Ich traf dort Künstler wie Bernhard Bleeker, Richard Knecht, Knappertsbusch, Josef Bauer, Olschewzki, aber auch bayerische Adelige wie die Grafen La Rosé oder von Isareck und an der Spitze unser verehrtes Ehrenmitglied Kronprinz Rupprecht, der in dieser Zeit oft bei uns war. Die Familien der Miller, Proebst, Pschorr und Sedlmayr wurden durch die Hingabe des Präsidenten wieder in das Vereinsleben eingebunden. Aus diesen Jahren sind mir ungezählte Feste, unvergessene Bälle und Feiern in Erinnerung. Einmal war es eine Taufe Bei Baron Hornstein mit Festspiel, dann wieder ein Ball im Wilhelm Tell, wo die Wirtsleute, das Ehepaar Klar, viele Jahre für unsere Feste alles auf den Kopf stellten. Zur wiederbelebten Habenschadenfeier in Pullach erschienen nicht nur die Professoren der Akademie und Bürgermeister von Miller, auch der Kronprinz mit Begleitung nahm häufig daran teil.

Es war eine lebendige Zeit, in der ich in den Geist der Allotria hineinwuchs. Dabei fand ich mich mit Gerhard Winkler zu einem Gespann zusammen. Wir entwickelten ununterbrochen Ideen für Feste. Während ich meistens die Programmausführung übernahm, entwarf er die Dekorationen und schuf witzige Einladungen, unverwechselbar im Stil, ganz im Geiste seines Lehrers Ehmke, der mit seinen Schülern in den zwanziger Jahren schon berühmte Feste feierte. Gerhard Winkler, ein Universalgenie, wurde später lange Zeit unser Präsident. Er war die Inkarnation des Allotrianers. Grafiker, Verserlschmied, Bühnenbildner und alle diese künstlerischen Begabungen waren in einer Persönlichkeit vereint, die in der Skurili-

Einladung zur Habenschadenfeier. Gerhard Winkler.

1972, »Pferdetrambahn« zum Allotriafest im Künstlerhaus.

Überreichung einer Porträtpuppe an das Ehrenmitglied S. Kgl. H. Kronprinz Rupprecht. Kommentar: »Sehr ähnlich – bis auf den Holzkopf!«

75. Geburtstag des Allotria-Präsidenten Gerhard Winkler am 29. März 1981.

»Gerichtsverhandlung« in der Allotria. Gerhard Winkler, Harald Wild, Dr. Ernst Glock.

1954, Einladung zum Allotria-Fasching.
Werner Wild.

Einladung zum Allotria-Ausflug. Gerhard Winkler.

tät der unerschöpflichen Einfallskraft unsere Feste unverwechselbar prägten. Auch als Puppenschnitzer konnte er mir am Münchner Marionetten-Theater in vielen Inszenierungen behilflich sein. Zur 800-Jahrfeier der Stadt München ließen wir in der Wirkungsstätte der Gaukler, im Löwenbräukeller, überlebensgroße Figuren, von ihm erfunden, über den Köpfen der Ballbesucher tanzen.
Dieses Stadtjubiiläum gab München auch einen Anlaß, es wieder mit einem Festzug zu versuchen. Um die Spärlichkeit der damals möglichen Ausstattung zu verdecken, wählte man die Nacht. Im Fackelschein trugen und schoben Angehörige der neuen Bundeswehr, in Kostüme gesteckt und mit Perücken verkleidet, die Wagen und Dekorationen. Sie wurden unter der Leitung von Hans Minarik, der später die zauberhaften Dekorationen im Deutschen Theater entwarf, in den Klassen der Akademie hergestellt. Wilhelm Killmayer komponierte die Musik, die den nächtlichen pannenreichen Zug begleiten sollte. Es war ein schwieriger Anfang.
Unter der Federführung von Hanns Vogel bemühten sich viele Künstler um die Wiederbelebung des Faschingszuges, dem aber kein allzu langes Leben beschieden war. Die Münchner Narren fanden, im Gegensatz zu den rheini-

schen Jecken, nie ein richtiges Verhältnis zu dieser Art der Humor-Demonstration.
Während die Schatten der Kriegsjahre sich symbolisch im Scheinwerferlicht der Feste wieder aufhellten, stand die Ruine des Künstlerhauses häßlich und erloschen hinter dem Restaurant am Lenbachplatz, das noch funktionsfähig war und von den amerikanischen Soldaten genutzt wurde. Zwar hatten sich die Freunde des Künstlerhaus-Vereins erneut gefunden, aber die finanzielle Lage schien einen Wiederaufbau in weite Ferne zu rücken. Da erhielt der Verein, Eigner des Hauses, von dem jungen Architekten Erwin Schleich einen entscheidenden Impuls. Seine Begeisterung und sein Optimismus steckte alle an. Der Staat, die Stadt, der Exportclub und viele private Spender ließen sich für die Idee des Künstlerhauses gewinnen.

1961 stand das Haus wieder und ich wurde als Regisseur für die Eröffnung in den Kreis der Aktiven miteinbezogen. Als Schwerpunkt für die Feierlichkeiten war an ein Festspiel gedacht. Wir hatten unter den Mitgliedern der Allotria Eugen Roth, den Verfasser der bekannten »Ein Mensch Gedichte«. So fuhr ich öfter in sein neugebautes Haus nach Nymphenburg, um ihn für diese Aufgabe zu interessieren. Er zog nicht recht, machte tausend Ausflüchte und wir verzweifelten schon, der Aufführungstermin rückte bedrohlich nah. Endlich, eines Tages, er war wieder nicht anzutreffen, sagte seine Frau: »Heut' ist der Eugen weggefahren, das ist ein gutes Zeichen, jetzt dichtet er.« Und wie er dichtete. Er kam nach kurzer Zeit zurück und hatte ein Riesenepos geschrieben, ein großes Festspiel; alles in Eugen-Roth-Versen. Aber es gab nur fünf Rollen: einen alten Maler, der von Albert Wisheu gespielt wurde, der junge Maler wurde von Gerhard Potyka dargestellt. Der Münchner wurde mit dem populären Carl Baierl vom Platzl besetzt, und der Pallas Athene gab Harriet Ortzikowsky, die spätere Frau des Bühnenbildners Elmar Albrecht, ihre gewaltige Stimme. Für den Genius loci konnte die attraktive

Wiedererbautes Künstlerhaus. Zeichnung, Erwin Schleich, 1961.

Karin Rose gewonnen werden. Doch für fünf Darsteller war dieses Riesenverswerk, meist allegorische Gedanken, nicht zu bewältigen.
Heimlich strich ich fast ein Drittel des Stückes. Ich bat den temperamentvollen Leiter der städtischen Musikschule Mayer, einen musikalischen Hintergrund mit seinen Bläsern zu gestalten. Hans Minarik, den ich schon als Schöpfer der feenhaften Faschingsdekoration im Deutschen Theater erwähnte, entwarf die Ausstattung. Es wurde eine große Faltdekoration, die in Teilen getragen und durch Drehung verwandelt werden konnte.
Jetzt ging's ans weitere Programm. Mir schwebte ein Schauessen vor, mit dem ich Erinnerungen an die Eröffnung 1900 wecken wollte. Der damalige Leiter der Ausstattung im Fernsehen, Josef Liebl, ein großer Freund der Künste, konstruierte eine gewaltige fahrbare Platte. Darauf legten wir ein Wildschwein, vielmehr einen Menschen, der in schwarzen Samt mit Pailletten eingekleidet war. Nun sollten Köche diesen Wagen hereinschieben und musikalisch untermalt das Schwein würzen. Dazu hatten Bildhauer der Allotria übergroße Gefäße beigesteuert. Die Musik komponierte Wilhelm Killmayer. Hinter fantastischen Masken des Schweizer Bildhauers Sven Undritz nach Vorbildern Arcimboldos verbargen sich die Musiker. Einer hatte Krebse und Fische auf dem Gesicht, ein anderer Früchte, wieder ein anderer Wurzelwerk, das Ganze eine pittoreske Verkleidung.

Die Köche zogen feierlich mit dem Schwein herein und würzten es unter grotesken Bewegungen. Das Tier sprang plötzlich auf und ein Kampf zwischen Chefkoch und Schwein entbrannte, bis der Koch zuletzt garniert auf der Platte lag. Als Ober verkleidet, verkündete ich den Festschmaus: Wildschweinbraten. Die Parts des Kochs und des Schweins übernahmen zwei Pantomimen, Heinz Titt und Bettina Falkenberg, die Tochter des berühmten Regisseurs. Für den tänzerischen Teil der Pantomime holte ich Helge Pawlinin zu Hilfe, unvergessen als Choreograf der »Goyescas«, einem Tanzspiel, mit dem er einst in den Kammerspielen großen Erfolg hatte. Alfred von Beckerath, der noble Münchner Komponist, schrieb die festliche Intrade. Bläser der Münchner Philharmoniker führten sie auf.

Es war so weit! Der 1. Oktober 1961, der Tag der Eröffnung, brach an. Während beim Hofeingang die Festgäste hereindrängten, wurde im Hintergrund noch gehämmert und gearbeitet. Man sah Erwin Schleich mit den Besen verschwinden, sein Bauleiter Karlheinz Lieb schleppte Schuttkübel hinaus, Günther Voglsamer, der spätere Präsident der Akademie in Nürnberg stand verzweifelt vor seinem Deckenbild im Vestibül, das nicht fertig geworden war; alles in allem die gleiche Aufregung wie vor einer Theaterpremiere. Die beiden Seiten der Haupttreppe zum Saal schmückten junge hübsche Mädchen, Töchter der guten alten bürgerlichen Gesellschaft Münchens wie Pschorr,

Szenenfoto aus dem Festspiel zur Wiedereröffnung des Künstlerhauses, 1961.

Thomas oder Miller. Aus ihren Händen bekam jeder Gast ein Blümchen an sein Revers gesteckt. Die illustren Gäste, unter ihnen der Protektor und damalige Oberbürgermeister Dr. Hans-Jochen Vogel, drängten sich vor dem goldenen Band, das Herzog Albrecht als Vertreter des Hauses Wittelsbach durchschnitt und damit das Haus wiedereröffnete. Während von der Höhe die Bläser die Festintrade intonierten, gingen die Besucher die Treppe hinauf. Ich beobachtete, wie alle Gäste ihr Blümchen überreicht bekamen – wer leer ausging, war der Ehrengast Herzog Albrecht. Schnell sauste ich mit dem Aufzug in den ersten Stock, riß einem Mädchen den Blumenstrauß aus der Hand und erreichte gerade noch am letzten Treppenabsatz den Herzog, der meinen etwas zu groß geratenen Blumenstrauß verdutzt entgegennahm.

Die Eröffnungs-Feierlichkeiten rollten wie eine Premiere ab. Das Publikum bemerkte die kleinen Pannen wohl nicht so stark. Zu gut erinnere ich mich, wie bei dem Festspiel die Figuren Lenbach und Seidl, dargestellt von Gerhard Winkler und Carl Hammer, vor lauter Aufregung auf die falschen Podeste kletterten. So erschien am nächsten Tag in der »Süddeutschen Zeitung« ein illustrierter Bericht, wo der kleine Hammer, Gabriel von Seidl in der Statur sehr ähnlich, auf dem mit »Lenbach« bezeichneten Podest stand, während der lange Winkler mit Lenbachbart gravitätisch auf dem Sockel mit der Aufschrift »Seidl« posierte. Die Darstellerin des Genius loci blieb beim Rezitieren des Textes hängen. All das war sehr, sehr aufregend und doch ging alles glücklich vorbei. Eugen Roth beglückwünschte mich zu meiner Überraschung nach der Aufführung mit den Worten: »Das war die beste Aufführung, die ich je von einem meiner Festspiele erlebte.« Ich fragte ihn verlegen, ob ihm denn gar nichts abgegangen sei. »Hat denn was gefehlt?« war seine Gegenfrage. Die radikale Kürzung seines Textes war ihm gottlob nicht aufgefallen.

Ja, es waren drei herrliche, wirklich festliche Tage. Am ersten Tag waren neben den schon genannten Persönlichkeiten der damalige Ministerpräsident Dr. Hans Ehard mit seinem ganzen Kabinett erschienen, der Münchner Stadtrat vollzählig und alle bedeutenden oder sich dafür haltenden Bürger. Der nächste Tag brachte das gleiche Programm für die Wirtschaft und den Exportclub und ein großer Abend für die Münchner Künstlerschaft folgte.

Herzog Albrecht eröffnet das Münchner Künstlerhaus, 1961.

Ich denke gerne an diese Abende und verbinde damit die Erinnerung an eine reizvolle Episode. Da saß inmitten älterer Herrschaften eine Dame, ganz gerade und steif mit einem prächtigen altmodischen Kleid. Ihr zu Füßen knieten doch tatsächlich mehrere Herren in Smoking und Frack, ältere Herren, die Haare meist schon leicht gelichtet. Die Dame war die Hofschauspielerin Räubke. Sie hatte noch mit Moisse und Josef Kainz gespielt. Man erinnere sich an die Affaire mit Ludwig II.; sie war wirklich ein Überbleibsel aus einer großen vergangenen Zeit. Hatte ich doch einige Monate bei ihr Sprachstudien absolviert und war in jeder Stunde vor ihrer gepflegten Sprache und Erscheinung beeindruckt. Über ihre Bedeutung in der Hoftheaterzeit war ich mir nicht so klar, sie schien mir zu weit entfernt. Hier an diesem Abend traf sich nun die Vergangenheit mit der Gegenwart. Die Herren entdeckten den Theaterschwarm ihrer Jugend und bekundeten ihr alle Verehrung.

Aus den vielen wohlwollenden Reden, die alle zeigten, wie sehr die Vertreter der Öffentlichkeit die Wiederbelebung der Institution Künstlerhaus begrüßten, will ich nur ein paar Sätze des damaligen Oberbürgermeisters Dr. Hans-Jochen Vogel zitieren: »Aber mit der Wiedererstehung des Gebäudes allein ist es nicht getan. Jetzt gilt es, das Haus mit neuem Leben zu erfüllen. Es soll ja kein Museum sein, in dem wir versonnen wandeln. Nein – es soll auch in unserer Zeit ein Versammlungsort und ein Gästehaus der Kunst sein. Dabei werden wir nicht einfach an die Vergangenheit anknüpfen

Einladung zur Jubiläumsfeier anläßlich des 90jährigen Bestehens des Münchner Künstlerhauses. Bernhard Kühlewein, 1990.

Innenseite der Einladungskarte. Bernhard Kühlewein nach Fritz August von Kaulbach, 1990.

können. Wir werden vielmehr neuen Kräften und neuen Richtungen ohne jede Bevormundung freudig Raum zu geben haben – allerdings in dem Wissen, daß auch wir auf den Schultern der früheren Generation stehen und das geistige und kulturelle München auch aus den Impulsen seiner Geschichte lebt.«

Frohgemut und voller Tatkraft gingen wir ans Werk. Es lag mir sehr daran, den jungen Künstlern die Scheu vor dem historischen Haus zu nehmen. So veranstalteten wir eine Woche, in der sämtliche Münchner Akademien und Kunstschulen im Hause ausstellten, musizierten, tanzten und Theater spielten. Die starke Beteiligung und das Engagement der Schulleitung bestärkten uns in dieser Bemühung. Dichterlesungen international namhafter Schriftsteller wechselten mit Konzerten und Vorträgen. Carl Orff war genauso eingeladen wie Eugen Roth oder Günther Grass. Ein Puppentheater fand eine Heimstatt, eine Galerie wurde eröffnet. Im Keller inszenierte ich mit Arthur Maria Rabenalt das Drama von Pablo Picasso »Wie man die Wünsche beim Schwanz packt«. Es schien, als könne man das Künstlerhaus in seiner alten Tradition fortsetzen. Leider waren es dann finanzielle Probleme, ein Erbe des Wiederaufbaus, die unsere Aktivitäten einengten. Falk Volkhardt und Benno Spremberg engagierten sich für das wirtschaftliche Überleben. Doch die Schwingen des Adlers waren gestutzt. Noch sind Vertreter der Generation, die diese Geschichte der Münchner Feste kennen, im Künstlerhaus-Verein, dem Eigentümer des Hauses, tätig. Wir haben die Hoffnung nicht aufgegeben, die Prioritäten des Hauses stärker auf den Wahlspruch »Nobis et amicis - Uns und unseren Freunden«, zu Festen und Feiern lenken zu können, damit das Münchner Künstlerhaus wieder ein Mittelpunkt des geselligen Lebens in unserer Stadt wird und dieses Buch einmal mit einem neuen Kapitel bereichert werden kann.

»Keine Tinte mehr im Faß!«
Zeichnung, Fritz August von Kaulbach.

Wie man sieht, macht man sich in der Allotria sogar über das eigene Signet lustig.